El Populismo y su Impacto en la Democracia

King Rojo

ISBN: 9798854749305

DEDICADO

Este libro está dedicado a todos aquellos que se esfuerzan por defender los principios de democracia, justicia e igualdad frente al populismo. A los valientes periodistas, organizaciones de la sociedad civil y activistas que trabajan incansablemente para defender las instituciones democráticas y el estado de derecho. A los educadores y académicos que buscan comprender el complejo fenómeno del populismo y su impacto en la sociedad. Y a los ciudadanos del mundo que continúan luchando por un futuro donde la democracia se mantenga fuerte y vibrante.

CONTENIDO

Expresiones de gratitud i

1 Introducción 2

   Comprender el Populismo

   Alcance del Libro

   Metodología

2 Contexto histórico de los Movimientos Populistas ... 14

   Orígenes del populismo

   Movimientos populistas históricos clave

   Factores que contribuyen al ascenso populista

3 Características de los Líderes Populistas 26

   Liderazgo carismático

   Apelación a las masas

   Retórica simplista

   Postura Anti-Establecimiento

4 Estrategias y tácticas populistas 48

   Nosotros vs. Ellos: Polarización y Políticas de Identidad

   Manipulación de Medios y Propaganda

   Explotación de la ansiedad económica

   Movilización de las redes sociales y las redes en línea

5   La influencia del populismo en la democracia   71

    Amenazas a las Instituciones Democráticas

    Erosión de Cheques y Saldos

    Ataque al Estado de Derecho

    Desafíos a los derechos de las minorías

6   Populismo y política electoral   91

    Partidos y Movimientos Populistas

    Éxitos y Desafíos Electorales

    Impacto en los partidos políticos tradicionales

7   Estudios de casos globales   107

    Populismo en Europa

    Movimientos Populistas en las Américas

    Influencias populistas en Asia y África

8   Implicaciones económicas del populismo   122

    Políticas económicas populistas

    Enfoques populistas del comercio y la globalización

    Impacto en Negocios y Mercados

9   Populismo y divisiones sociales   136

    Apelación populista al nacionalismo

    Inmigración y reacción populista

    Populismo y Cohesión Social

10   Respuestas a los desafíos populistas   148

   Resiliencia Democrática y Reforma Institucional

   Fortalecimiento de la Sociedad Civil y la Integridad de los Medios

   Comprometerse con partidarios populistas

11   El futuro del populismo y la democracia   162

   Tendencias y proyecciones populistas

   Lecciones del pasado

   Salvaguardar la democracia frente al populismo

12   Conclusión   175

   Resumen de resultados   179

   Reflexiones finales sobre populismo y democracia   182

   Epílogo: Navegando el camino por delante   184

EXPRESIONES DE GRATITUD

Escribir un libro sobre un tema tan complejo y controvertido como el populismo y su impacto en la democracia no es tarea fácil.

Agradezco a todos los que han contribuido a este proyecto y lo han hecho posible.
En primer lugar, me gustaría agradecer a mi familia por su amor y apoyo incondicional a lo largo de este viaje. Su aliento me ha ayudado a seguir adelante, incluso cuando las cosas se pusieron difíciles.

También me gustaría expresar mi gratitud a mi editor, quien brindó comentarios y orientación invaluables durante todo el proceso de escritura. Su buen ojo y atención a los detalles ayudaron a dar a este libro su forma final.
También estoy en deuda con los expertos y académicos que generosamente compartieron su tiempo, conocimiento y puntos de vista conmigo. Su experiencia y perspectivas han enriquecido este libro y profundizado mi comprensión de los complejos temas que nos ocupan.

Finalmente, me gustaría agradecer a los lectores de este libro, cuyo interés y compromiso con este tema me inspiran a continuar explorando y analizando los desafíos que enfrenta la democracia en nuestro tiempo. Gracias a todos por vuestro apoyo y ánimo.

1

INTRODUCCIÓN

En los últimos años, el auge del populismo ha cautivado la atención de académicos, políticos y ciudadanos de todo el mundo. Desde Europa hasta las Américas, desde Asia hasta África, han surgido movimientos y líderes populistas que remodelaron el panorama político y desafiaron los cimientos de la gobernabilidad democrática. Este libro profundiza en la compleja relación entre populismo y democracia, examinando los orígenes, características, estrategias e impacto de los movimientos populistas en las instituciones democráticas.

El populismo, en esencia, es una ideología política que afirma defender los intereses y valores de "la gente" contra un supuesto sistema corrupto y elitista. Aprovecha las quejas y frustraciones profundamente arraigadas dentro de las sociedades, ofreciendo soluciones simples a problemas complejos. Los líderes populistas, a menudo carismáticos y hábiles en la retórica, reúnen a sus seguidores con promesas de restaurar el poder a la gente común, prometiendo abordar las disparidades económicas, proteger la identidad nacional y desafiar las normas e instituciones establecidas.

Si bien el origen del populismo se remonta a períodos históricos, como los movimientos agrarios de finales del siglo XIX o los levantamientos populistas durante la Gran Depresión, su reciente surgimiento lo ha llevado al frente del discurso político contemporáneo. La interconexión de nuestro mundo, junto con las ansiedades sociales y económicas, los rápidos avances tecnológicos y una sensación de descontento con la política dominante, ha proporcionado un terreno fértil para que florezcan las ideologías populistas.

Sin embargo, el impacto del populismo en los sistemas democráticos está lejos de ser sencillo. Por un lado, el populismo puede vigorizar la participación política, movilizar a los grupos marginados y llamar la atención sobre cuestiones ignoradas durante mucho tiempo. Puede desafiar el statu quo y fomentar un sentido renovado de compromiso político entre los ciudadanos. Por otro lado, el populismo también puede plantear amenazas significativas a los principios e instituciones fundamentales de la democracia. Su retórica antisistema a menudo se dirige a instituciones independientes, socava los controles y equilibrios y alimenta las divisiones dentro de la sociedad.

Este libro tiene como objetivo navegar por las complejidades de la relación del populismo con la democracia. A través de una exploración de contextos históricos, las características de los líderes populistas, sus estrategias y tácticas, y estudios de casos de diferentes regiones, evaluaremos las diversas formas en que el populismo influye en la gobernabilidad democrática. Además, examinaremos las implicaciones económicas, las divisiones sociales y las políticas electorales asociadas con los movimientos populistas. Al arrojar luz sobre estas dimensiones, podemos obtener una comprensión más profunda de los desafíos que plantea el populismo a los sistemas democráticos y explorar posibles respuestas para salvaguardar la democracia en una era de populismo.

"El populismo y su impacto en la democracia" invita a los lectores a examinar críticamente el surgimiento del populismo y sus consecuencias para la gobernabilidad democrática. Al explorar las complejidades, las tensiones y las implicaciones potenciales, esperamos contribuir a una comprensión más matizada de este fenómeno y fomentar debates sobre cómo navegar la intersección entre el populismo y los principios que sustentan nuestras sociedades democráticas.

COMPRENDER EL POPULISMO

El populismo es una ideología política y un estilo de gobierno que ha ganado prominencia en los últimos años en diversas regiones y sociedades. Se caracteriza por un llamamiento retórico al "pueblo" y una división percibida entre los ciudadanos comunes y una élite corrupta o egoísta. Los líderes populistas se posicionan como campeones del pueblo, prometiendo abordar sus preocupaciones, proteger sus intereses y desafiar al establecimiento político existente.

En esencia, el populismo se alimenta de la insatisfacción y los agravios de quienes se sienten rezagados, marginados o ignorados por los principales sistemas políticos y económicos. A menudo surge en tiempos de agitación social y económica, cuando las personas y las comunidades experimentan una pérdida de confianza en los partidos políticos, las instituciones y los mecanismos de representación tradicionales.

Los movimientos populistas tienden a aprovechar las emociones y frustraciones de la gente, ofreciendo soluciones simples y, a menudo, polarizadoras a problemas complejos. Tienden a enmarcar las cuestiones políticas en términos de una lucha binaria entre el "pueblo puro" y una élite corrupta, o entre "nosotros" y "ellos". Esta retórica dicotómica puede crear un sentido de unidad y propósito común entre sus seguidores, al mismo tiempo que alimenta las divisiones dentro de la sociedad.

Una de las características clave del populismo es la apelación a la soberanía popular. Los líderes populistas afirman encarnar la voluntad del pueblo, presentándose como la auténtica voz de las masas. A menudo critican a las instituciones y los partidos políticos establecidos por estar desconectados de las preocupaciones y aspiraciones de los ciudadanos comunes. Esta representación de sí mismos como los verdaderos representantes del pueblo puede atraer a una amplia gama de simpatizantes, desde individuos desilusionados hasta aquellos que se sienten excluidos de las estructuras de poder tradicionales.

Los líderes populistas a menudo emplean estilos de comunicación carismáticos y usan un lenguaje simple y cargado de emociones para transmitir sus mensajes. Se basan en eslóganes, fragmentos de sonido y frases pegadizas que resuenan con las frustraciones y esperanzas de sus seguidores. Esta estrategia de comunicación, combinada con la promesa de una acción rápida y decisiva, puede crear un vínculo poderoso entre el líder y sus seguidores.

Sin embargo, el populismo no es un fenómeno monolítico. Puede tomar diferentes formas y tener diversos grados de impacto en los sistemas democráticos. Algunos movimientos y líderes populistas se adhieren a las normas y prácticas democráticas, utilizando su popularidad para llamar la atención sobre temas marginados e involucrar a los ciudadanos en el proceso político. Otros, sin embargo, exhiben tendencias autoritarias, cuestionando la independencia de las instituciones, socavando el estado de derecho y erosionando los principios democráticos.

Comprender el populismo requiere un examen cuidadoso de su contexto histórico, los factores socioeconómicos que contribuyen a su surgimiento, las estrategias y tácticas empleadas por los líderes populistas y el impacto que tiene en la gobernabilidad democrática. Al analizar estas dimensiones, podemos obtener una visión más profunda de las complejidades e implicaciones del populismo y su relación con la democracia.

En los siguientes capítulos de este libro profundizaremos en estos aspectos, explorando las raíces históricas, las características, las estrategias y el impacto del populismo en las instituciones democráticas. A través de un examen exhaustivo, nuestro objetivo es proporcionar una comprensión matizada de la influencia del populismo y contribuir a los debates en curso sobre el futuro de la gobernabilidad democrática en una era marcada por el auge del populismo.

ALCANCE DEL LIBRO

"El populismo y su impacto en la democracia" tiene como objetivo proporcionar un análisis exhaustivo del populismo y sus implicaciones para la gobernabilidad democrática. El libro explorará las dimensiones históricas, políticas, económicas y sociales del populismo, basándose en estudios de casos de varias regiones del mundo. También examinará las estrategias, tácticas y características de los movimientos y líderes populistas, y analizará su impacto en las instituciones democráticas.

Contexto histórico: el libro comenzará examinando las raíces históricas del populismo, rastreando sus orígenes y evolución a lo largo del tiempo. Explorará importantes movimientos populistas históricos y su impacto en los sistemas democráticos, destacando los factores clave que contribuyeron al surgimiento del populismo en diferentes épocas.

Definición y características: el libro proporcionará una definición clara y matizada del populismo, aclarando sus características centrales y distinguiéndolo de otras ideologías políticas. Explorará los puntos en común y las variaciones dentro de los movimientos populistas, identificando los elementos clave que definen y dan forma a su discurso y acciones.

Estrategias y tácticas populistas: esta sección profundizará en las estrategias y tácticas empleadas por los líderes y movimientos populistas para ganar y mantener el apoyo. Explorará su uso de la manipulación de los medios, la retórica política, las técnicas de movilización y la creación de una narrativa divisiva de "nosotros contra ellos".

Impacto en las instituciones democráticas: el libro examinará críticamente el impacto del populismo en la gobernabilidad democrática. Analizará los desafíos que plantea el populismo a las instituciones democráticas, incluida la erosión de los controles y equilibrios, los ataques al estado de derecho y las amenazas a los derechos de las minorías. También explorará cómo los líderes populistas interactúan con las estructuras e instituciones democráticas existentes.

Política electoral: esta sección se centrará en el papel del populismo en la política electoral. Analizará el surgimiento de partidos y movimientos populistas, sus éxitos y desafíos electorales, y su impacto en los partidos políticos tradicionales. Explorará la dinámica de las campañas populistas, la movilización de simpatizantes y las estrategias electorales empleadas por los líderes populistas.

Implicaciones económicas: el libro investigará las implicaciones económicas del populismo, incluidas las políticas y los enfoques adoptados por los líderes populistas para abordar los problemas económicos. Examinará el impacto de las políticas económicas populistas en los negocios, los mercados, el comercio y la globalización, y explorará las posibles consecuencias para la estabilidad y el crecimiento económicos.

Divisiones sociales y nacionalismo: esta sección explorará cómo el populismo se cruza con las divisiones sociales y el nacionalismo. Examinará las formas en que los líderes populistas explotan las políticas de identidad, los debates sobre inmigración y las fallas sociales para movilizar apoyo. También analizará las implicaciones para la cohesión social, el multiculturalismo y la diversidad dentro de las sociedades democráticas.

Respuestas y perspectivas futuras: el libro discutirá las diversas respuestas a los desafíos planteados por el populismo y su impacto en la democracia. Examinará estrategias para fortalecer la resiliencia democrática, comprometerse con los partidarios populistas y promover un discurso político constructivo. Además, proporcionará información sobre la trayectoria futura del populismo y sus posibles consecuencias para la gobernabilidad democrática.

Al examinar estas diversas dimensiones, "El populismo y su impacto en la democracia" pretende brindar a los lectores una comprensión integral del fenómeno del populismo y su intrincada relación con los sistemas democráticos. Busca contribuir al discurso académico y público sobre los desafíos y oportunidades que presenta el populismo, al tiempo que ofrece ideas y posibles soluciones para mitigar sus efectos negativos en la democracia.

METODOLOGÍA

Para garantizar un análisis riguroso y completo del populismo y su impacto en la democracia, este libro adopta un enfoque método que combina métodos de investigación cualitativos y cuantitativos. Al utilizar varias estrategias de investigación, el libro tiene como objetivo proporcionar una comprensión integral del tema y respaldar las conclusiones extraídas a lo largo de los capítulos.

Revisión de la literatura: una revisión exhaustiva de la literatura constituye la base de esta investigación. Al revisar trabajos académicos, artículos académicos, libros e informes, el libro se basa en investigaciones existentes y marcos teóricos sobre populismo y democracia. Esto permite una comprensión integral del tema y establece el contexto para el análisis.

Estudios de casos: el libro incorpora estudios de casos de diferentes regiones del mundo para proporcionar evidencia empírica e ilustrar las diversas manifestaciones e impactos del populismo en los sistemas democráticos. Los estudios de caso se seleccionarán en función de su relevancia y representatividad, con el objetivo de capturar diferentes contextos, entornos políticos y resultados.

Análisis de datos: cuando corresponda, se empleará el análisis de datos cuantitativos para examinar tendencias, patrones y correlaciones relacionadas con el populismo y su impacto en la democracia. Esto puede implicar el análisis de datos electorales, encuestas de opinión pública, indicadores socioeconómicos y otros conjuntos de datos relevantes. El análisis proporcionará información cuantitativa sobre la relación entre el populismo y la gobernabilidad democrática.

Entrevistas con expertos: para obtener una visión más profunda del tema, se realizarán entrevistas con expertos en el campo de las ciencias políticas, los estudios de democracia y el populismo. Estas entrevistas proporcionarán perspectivas valiosas, conocimientos teóricos y experiencias del mundo real que complementarán el análisis. Los expertos pueden incluir académicos, investigadores, formuladores de políticas y representantes de la sociedad civil.

Análisis comparativo: se empleará un enfoque comparativo para analizar las similitudes y diferencias entre varios contextos y casos. Esto facilitará una comprensión matizada de cómo el populismo se manifiesta y afecta la democracia en diferentes regiones, teniendo en cuenta las variaciones culturales, históricas y políticas.

Consideraciones éticas: A lo largo del proceso de investigación, se dará la debida importancia a las consideraciones éticas. Todas las fuentes serán debidamente citadas y el trabajo de otros investigadores será reconocido y respetado. Se mantendrá la confidencialidad y el anonimato de los participantes de la entrevista según las normas éticas.

Limitaciones: Es importante reconocer las limitaciones de cualquier esfuerzo de investigación. La metodología de este libro puede estar limitada por limitaciones como la disponibilidad de datos, limitaciones de tiempo y posibles sesgos en el material de origen. Sin embargo, se harán esfuerzos para mitigar estas limitaciones mediante un análisis riguroso, la triangulación de las fuentes de datos y el examen crítico de los resultados de la investigación. Al emplear esta metodología integral e interdisciplinaria, "El populismo y su impacto en la democracia" tiene como objetivo presentar un análisis bien informado que se basa en una amplia gama de fuentes, perspectivas y datos.

Esto permitirá a los lectores obtener una comprensión más profunda de la compleja relación entre el populismo y la gobernabilidad democrática y las implicaciones para las sociedades contemporáneas.

2

CONTEXTO HISTÓRICO DE LOS MOVIMIENTOS POPULISTAS

Los movimientos populistas tienen un rico trasfondo histórico que abarca diferentes regiones y períodos de tiempo. Comprender el contexto histórico del populismo es crucial para comprender sus orígenes, evolución e impacto en la democracia. Este capítulo explora las raíces históricas del populismo, destacando momentos y movimientos clave que han dado forma a su desarrollo.

Orígenes del populismo

El populismo agrario a finales del siglo XIX

- El surgimiento del Partido Popular en los Estados Unidos
- Condiciones socioeconómicas y quejas de los agricultores
- Demandas populistas de reformas económicas y representación política

Movimientos populistas en América Latina

- La influencia de los caudillos latinoamericanos y la política del hombre fuerte
- La Revolución Mexicana y el ascenso de Emiliano Zapata
- El peronismo argentino y el legado populista de Juan Perón

Período de entreguerras y nacionalismo populista

Europa entre las guerras mundiales

- Auge de los movimientos populistas de derecha en Europa
- El fascismo de Benito Mussolini en Italia
- El nacionalsocialismo de Adolf Hitler en Alemania

Nacionalismo populista en América Latina

- Getúlio Vargas y el Estado Novo brasileño
- Lázaro Cárdenas y las políticas nacionalistas de México
- Movimientos populistas-nacionalistas en otros países latinoamericanos

Movimientos populistas posteriores a la Segunda Guerra Mundial

Europa de posguerra

- Reconstrucción y descontento social después de la Segunda Guerra Mundial
- Auge de los partidos populistas en Europa Occidental
- Examen de casos como los de Francia, Italia y los Países Bajos

La "marea rosa" de América Latina

- El surgimiento del populismo de izquierda a principios del siglo XXI
- Hugo Chávez y la Revolución Bolivariana en Venezuela
- Evo Morales y el movimiento indígena en Bolivia

Populismo en la política contemporánea

Movimientos populistas en Europa

- El auge del populismo de extrema derecha en países como Hungría y Polonia
- Brexit y el sentimiento populista en Reino Unido
- Los desafíos de la integración europea y el auge del euroescepticismo

Populismo en Estados Unidos

- La campaña presidencial y la presidencia de Donald Trump
- El movimiento Tea Party y su impacto en la política estadounidense
- Retórica populista y posiciones políticas en los últimos años

El contexto histórico de los movimientos populistas revela patrones, tendencias y temas recurrentes que ayudan a comprender sus manifestaciones actuales. Desde el populismo agrario de fines del siglo XIX hasta el surgimiento del populismo de derecha e izquierda en los siglos XX y XXI, estos movimientos han dado forma a los paisajes políticos y desafiado las normas e instituciones establecidas. Al examinar el contexto histórico, podemos obtener información sobre los factores sociales, económicos y políticos que dan lugar al populismo y su impacto duradero en la democracia.

ORÍGENES DEL POPULISMO

Comprender los orígenes del populismo es crucial para comprender su impacto en los sistemas democráticos. Este capítulo profundiza en los factores históricos y sociopolíticos que han contribuido al surgimiento de movimientos y líderes populistas. Al explorar los orígenes del populismo, podemos obtener información sobre las causas subyacentes y los impulsores de este fenómeno político.

Descontento socioeconómico: el populismo a menudo encuentra sus raíces en el descontento y la desigualdad socioeconómicos. Las crisis económicas, la inseguridad laboral, los salarios estancados y las disparidades percibidas entre las élites y la clase trabajadora pueden alimentar el descontento popular. Los movimientos populistas tienden a surgir cuando las personas se sienten rezagadas por los sistemas políticos y económicos y buscan soluciones alternativas para abordar sus quejas.

Alienación política: una sensación de alienación política también puede contribuir al aumento del populismo. Cuando las personas perciben una desconexión entre sus intereses y las acciones de los partidos políticos establecidos, pueden recurrir a movimientos populistas como un medio para desafiar el statu quo. El populismo prospera en entornos donde se percibe una falta de representación y capacidad de respuesta de los principales actores políticos.

Reacción cultural: Los factores culturales y de identidad juegan un papel importante en el surgimiento del populismo. En tiempos de cambios sociales rápidos, algunas personas pueden sentirse amenazadas por los cambios en las normas sociales, los valores y la diversidad cultural. Los movimientos populistas a menudo aprovechan estas ansiedades, promoviendo una visión nostálgica del pasado y apelando a la identidad nacional o étnica como fuente de unidad y protección.

Erosión de la confianza en las instituciones: La erosión de la confianza en las instituciones políticas tradicionales es un catalizador común del populismo. Los escándalos, la corrupción percibida y la sensación de que las élites establecidas priorizan sus propios intereses sobre los del pueblo pueden socavar la confianza en las instituciones democráticas. Los líderes populistas se posicionan como extraños que pueden restaurar la confianza y lograr un cambio significativo.

Panorama de los medios y tecnología de la comunicación: la evolución del panorama de los medios y el advenimiento de las nuevas tecnologías de la comunicación han jugado un papel en el surgimiento del populismo. Las plataformas de redes sociales y los medios de comunicación alternativos han brindado a los movimientos populistas acceso directo a su público objetivo, permitiéndoles pasar por alto a los guardianes tradicionales y dar forma a sus propias narrativas.

La globalización y sus descontentos: Las fuerzas de la globalización, como la mayor integración económica y la interconexión cultural, también han contribuido al surgimiento del populismo. Algunas personas perciben la globalización como una amenaza a su identidad nacional, bienestar económico y comunidades locales. Los movimientos populistas a menudo capitalizan estas preocupaciones, prometiendo proteger los intereses nacionales y reafirmar el control sobre los procesos de globalización.

Liderazgo político y movilización: el surgimiento de movimientos populistas a menudo se basa en líderes carismáticos que pueden galvanizar el apoyo y canalizar el descontento popular. Estos líderes poseen la capacidad de conectarse con sus seguidores, articular sus quejas y ofrecer soluciones simples a problemas complejos. Sus cualidades de liderazgo y esfuerzos de movilización son fundamentales para movilizar movimientos populistas.

Conclusión: los orígenes del populismo se pueden rastrear hasta una combinación de descontento socioeconómico, alienación política y reacción cultural negativa, erosión de la confianza en las instituciones, dinámica de los medios, globalización y el surgimiento de líderes carismáticos. Comprender estos factores subyacentes es crucial para comprender el surgimiento del populismo y su impacto en los sistemas democráticos. Al abordar las causas fundamentales que dan lugar al populismo, las sociedades pueden trabajar hacia una gobernanza democrática más inclusiva y receptiva.

MOVIMIENTOS POPULISTAS HISTÓRICOS CLAVE

Los movimientos populistas han dado forma a los paisajes políticos en diferentes regiones y períodos de tiempo. Este capítulo examina importantes movimientos populistas históricos que han dejado un impacto duradero en la democracia. Al explorar sus ideologías, estrategias y consecuencias, podemos obtener información valiosa sobre las complejidades del populismo y su relación con los procesos democráticos.

Partido Popular en los Estados Unidos

El ascenso del Partido Popular

- Condiciones socioeconómicas y descontento agrario a finales del siglo XIX
- Formación del Partido Popular y su plataforma política
- Demandas populistas de reformas económicas y representación política

Impacto en la política estadounidense

- Influencia del Partido Popular en los movimientos políticos posteriores
- Legados políticos del Partido Popular
- Lecciones aprendidas de la experiencia populista estadounidense

Peronismo en Argentina

Juan Perón y el surgimiento del peronismo

- Ascenso de Juan Perón y el movimiento peronista en Argentina
- Llamamiento a la clase obrera y promesas de justicia social
- Creación de un modelo político y económico populista

Legado e influencia del peronismo

- Continuidad y transformación del peronismo en el tiempo
- Las políticas populistas y su impacto en la economía y la sociedad argentina
- La perdurable influencia del peronismo en la política argentina

Movimientos en América Latina: Vargas y Cárdenas

Getúlio Vargas y el Estado Novo brasileño

- Ascenso de Vargas al poder y establecimiento del Estado Novo
- Políticas populistas y reformas sociales en Brasil
- Desafíos y legado del régimen populista de Vargas

Lázaro Cárdenas y el nacionalismo mexicano

- La presidencia de Cárdenas y las secuelas de la Revolución Mexicana
- Nacionalización de industrias y reformas agrarias
- La ideología populista-nacionalista y su impacto en México

Movimientos populistas en Europa: Haider y Le Pen

Jörg Haider y el Partido de la Libertad de Austria

- El liderazgo de Haider y el auge del populismo de extrema derecha en Austria
- Postura contra la inmigración y retórica nacionalista
- Consecuencias políticas y debates en torno al movimiento de Haider

Jean-Marie Le Pen y Frente Nacional en Francia

- El liderazgo de Le Pen y el crecimiento del Frente Nacional
- Euroescepticismo, sentimiento antiinmigración y llamamientos nacionalistas
- Impacto en la política francesa y el ascenso de Marine Le Pen

Los movimientos populistas históricos clave han dejado marcas indelebles en los sistemas democráticos. El Partido Popular en los Estados Unidos, el peronismo en Argentina, los movimientos liderados por Vargas y Cárdenas en América Latina y el ascenso del Partido de la Libertad de Haider y el Frente Nacional de Le Pen en Europa ejemplifican las diversas ideologías y estrategias empleadas por los movimientos populistas. Al estudiar estos movimientos históricos, obtenemos información sobre los desafíos y las consecuencias del gobierno populista, las complejidades de sus políticas y su impacto en las instituciones democráticas.

FACTORES QUE CONTRIBUYEN AL ASCENSO POPULISTA

El auge del populismo en los últimos años ha tenido un profundo impacto en los sistemas democráticos de todo el mundo. Comprender los factores que contribuyen al surgimiento y crecimiento de los movimientos populistas es crucial para comprender su significado. Este capítulo explora los factores clave que han contribuido al surgimiento del populismo, arrojando luz sobre las dinámicas sociales, económicas y políticas en juego.

Desigualdad económica y descontento

Aumento de las disparidades de ingresos

- La concentración de la riqueza entre la élite.
- Salarios estancados para las personas de clase media y trabajadora
- Injusticias percibidas en la distribución de recursos

Efectos de la globalización

- Dislocación económica y precariedad laboral
- Beneficios desiguales de la globalización
- Percepción de que las élites se benefician a expensas de la clase trabajadora

Desilusión política y sentimiento antisistema

Déficits democráticos y elitismo

- Desconfianza de las instituciones políticas y los partidos
- Percepción de élites políticas independientes y egoístas
- Falta de representación política de los grupos marginados

Escándalos políticos y corrupción

- Casos de mala conducta política y corrupción
- Pérdida de confianza en los principales actores políticos
- Los populistas piden transparencia, rendición de cuentas y una gobernanza limpia

Preocupaciones culturales y de identidad

Reacción cultural y nacionalismo

- Miedo a la erosión cultural y a la pérdida de la identidad nacional
- Oposición a la inmigración y multiculturalismo
- Los movimientos populistas como defensores de la soberanía nacional y el patrimonio cultural

Políticas de identidad y polarización

- Fragmentación a lo largo de líneas étnicas, religiosas o ideológicas
- Llamamientos a grupos de identidad específicos por parte de líderes populistas
- Narrativas de nosotros contra ellos y la explotación de las divisiones

Avances Tecnológicos y dinámica de los medios

El auge de las redes sociales y la comunicación digital

- Influencia de las plataformas de redes sociales en el discurso público
- Amplificación de mensajes y narrativas populistas
- Mayor movilización y organización de movimientos populistas

Fragmentación de medios y cámaras de eco

- Paisaje mediático fragmentado y exposición selectiva
- Refuerzo de creencias y opiniones existentes.
- Exposición limitada a diversas perspectivas y puntos de vista alternativos.

El auge del populismo se puede atribuir a una combinación de factores socioeconómicos, políticos y culturales. La desigualdad económica, la desilusión política y las preocupaciones culturales han creado un terreno fértil para el crecimiento de los movimientos populistas. Los avances tecnológicos y los cambios en la dinámica de los medios también han jugado un papel importante en la amplificación de los mensajes populistas y la movilización de apoyo.

En el próximo capítulo, exploraremos las características de los líderes populistas, examinando sus estrategias retóricas, atractivo carismático y relación con sus seguidores. Al comprender los factores que contribuyen al surgimiento del populismo, podemos comprender mejor su impacto duradero en los sistemas democráticos y los desafíos que plantea para las normas e instituciones establecidas.

3

CARACTERÍSTICAS DE LOS LÍDERES POPULISTAS

Los líderes populistas se han convertido en figuras influyentes en la política contemporánea, desafiando las normas políticas establecidas y movilizando el apoyo de diversos segmentos de la sociedad. Este capítulo explora las características que definen a los líderes populistas y contribuyen a su ascenso al poder. Al comprender estos rasgos, podemos comprender mejor el atractivo y el impacto del liderazgo populista en los sistemas democráticos.

Personalidad carismática

Una característica definitoria de los líderes populistas es su personalidad carismática. Poseen una fuerte presencia, cautivadoras habilidades de comunicación y la capacidad de conectarse con sus seguidores a nivel emocional. A través de un liderazgo carismático, cultivan un sentido de devoción y lealtad entre sus seguidores, confiando a menudo en su carisma personal para inspirar y movilizar a las masas.

Retórica simplista y emocional

Los líderes populistas emplean una retórica simplista y emocional que resuena con las preocupaciones y aspiraciones de la gente. Suelen utilizar un lenguaje sencillo, apelando a valores y creencias comunes. Este estilo de comunicación simplifica temas complejos en opciones binarias, creando una sensación de claridad y certeza. Al apelar a las emociones en lugar de la racionalidad, los líderes populistas establecen una poderosa conexión con sus seguidores.

Postura antisistema

Los líderes populistas se posicionan como forasteros que desafían el establecimiento político existente. Aprovechan el descontento público con las instituciones establecidas, criticando a la élite y prometiendo desmantelar las estructuras de poder existentes. Esta postura antisistema resuena entre aquellos que se sienten marginados o ignorados por las élites políticas tradicionales, presentando al líder populista como la voz del pueblo.

Tendencias autoritarias

Si bien los líderes populistas pueden surgir dentro de los sistemas democráticos, a menudo muestran tendencias autoritarias. Hacen hincapié en un liderazgo fuerte, la toma de decisiones centralizada y el desprecio por los controles y equilibrios institucionales. Los líderes populistas pueden buscar consolidar el poder y limitar la disidencia, socavando los principios democráticos en el proceso.

Política Nacionalista y de Identidad

Los líderes populistas emplean con frecuencia una retórica nacionalista, enfatizando la importancia de la nación y su identidad. Aprovechan los sentimientos de orgullo nacional, identidad cultural y, a menudo, adoptan una narrativa de "nosotros contra ellos". Al apelar a una identidad nacional compartida, crean un sentido de pertenencia y unidad entre sus seguidores mientras convierten a ciertos grupos o extraños en chivos expiatorios como amenazas a la nación.

Políticas populistas

Los líderes populistas a menudo defienden políticas que tienen como objetivo abordar las preocupaciones de su base de apoyo. Estas políticas pueden centrarse en el proteccionismo económico, el bienestar social, las restricciones a la inmigración o las medidas de orden público. La agenda política específica de los líderes populistas varía, pero generalmente se alinea con las quejas y aspiraciones de sus seguidores.

Manipulación y personalización de medios

Los líderes populistas a menudo emplean estrategias para manipular los medios y controlar su imagen pública. Pueden usar plataformas de redes sociales para comunicarse directamente con sus seguidores, sin pasar por los canales de medios tradicionales. Al personalizar su mensaje y pasar por alto a los guardianes tradicionales, cultivan una relación directa con sus seguidores, lo que les permite dar forma a su propia narrativa y controlar el flujo de información.

Las características de los líderes populistas juegan un papel importante en su ascenso al poder y su impacto en los sistemas democráticos. Sus personalidades carismáticas, retórica simplista y emocional, postura antisistema, inclinaciones autoritarias, énfasis en políticas nacionalistas y de identidad, agenda política populista y estrategias de manipulación de los medios contribuyen a su capacidad para movilizar apoyo y desafiar las normas democráticas. Comprender estas características es crucial para comprender la dinámica del populismo y sus implicaciones para la gobernabilidad democrática.

Apelación Carismática

Personalidades fuertes

- Los líderes populistas a menudo poseen personalidades carismáticas y dominantes.
- Proyectan una sensación de confianza, fuerza y seguridad en sí mismos.
- Su capacidad para cautivar e inspirar a sus seguidores es un sello distintivo de su atractivo.

Conexión emocional

- Los líderes populistas sobresalen en forjar conexiones emocionales con sus seguidores.
- Aprovechan las frustraciones, ansiedades y aspiraciones de la gente.
- Su retórica evoca emociones fuertes y resuena con los agravios de sus seguidores.

Mensajes Simplistas y Populistas

Narrativa de nosotros contra ellos

- Los líderes populistas construyen una narrativa que enfrenta a "la gente" contra una élite o establecimiento percibido.
- Se posicionan como la voz de los marginados y desposeídos.
- Esta narrativa simplista fomenta un sentido de pertenencia y solidaridad entre sus seguidores.

Soluciones simples a problemas complejos

- Los líderes populistas ofrecen soluciones sencillas a los complejos desafíos sociales.

- Se presentan como personas que tienen respuestas fáciles a problemas complejos.

- Sus mensajes a menudo ignoran los matices y simplifican demasiado los temas en cuestión.

Comunicación Directa y Emocional

Autenticidad y franqueza

- Los líderes populistas proyectan autenticidad y relacionabilidad.
- Utilizan un lenguaje sencillo y evitan la jerga política.
- Su estilo de comunicación a menudo se percibe como genuino y sin filtros.

Apelaciones emocionales y lenguaje simbólico

- Los líderes populistas emplean apelaciones emocionales para conectarse con sus seguidores.
- Usan poderosos símbolos y metáforas para transmitir su mensaje.
- Su lenguaje resuena con las esperanzas, los miedos y los valores de su audiencia.

Establecer una conexión personal con los seguidores

Líder populista como la voz del pueblo

- Los líderes populistas se posicionan como los verdaderos representantes del pueblo.

- Afirman defender los intereses y aspiraciones de sus seguidores.

- Esta conexión personal fomenta la lealtad y un sentido de identidad compartida.

Culto de personalidad

- Los líderes populistas a menudo cultivan un culto a la personalidad a su alrededor.

- Proyectan una imagen de fuerza, heroísmo o cualidades mesiánicas.

- Sus seguidores les atribuyen cualidades excepcionales, reforzando su liderazgo.

Los líderes populistas poseen características distintivas que contribuyen a su atractivo e influencia sobre sus seguidores. Sus personalidades carismáticas, mensajes simplistas y populistas, estilos de comunicación directos y emocionales y la capacidad de establecer conexiones personales con sus seguidores son componentes cruciales de su liderazgo. Comprender estas características es fundamental para comprender la dinámica del populismo y su impacto en los sistemas democráticos.

En el próximo capítulo, exploraremos las consecuencias e implicaciones del populismo en la gobernabilidad democrática. Al examinar las formas en que el populismo afecta a las instituciones políticas, los procesos de formulación de políticas y la dinámica social, podemos obtener información sobre los desafíos y oportunidades que surgen del surgimiento de líderes populistas.

LIDERAZGO CARISMÁTICO

El liderazgo carismático es un aspecto clave de los movimientos populistas. Los líderes populistas a menudo poseen cualidades únicas que les permiten conectarse e inspirar a sus seguidores. Este capítulo explora el concepto de liderazgo carismático en el contexto del populismo, examinando las características, estrategias e implicaciones de los líderes carismáticos en los sistemas democráticos.

Comprender el liderazgo carismático

Definición de liderazgo carismático

- El liderazgo carismático se caracteriza por el magnetismo personal y el atractivo del líder.
- Implica la capacidad de inspirar e influir en los seguidores a través del poder de la personalidad.
- A menudo se considera que los líderes carismáticos poseen cualidades o rasgos excepcionales.

La relación entre el liderazgo carismático y el populismo

- Los líderes populistas suelen exhibir cualidades carismáticas y confían en su atractivo personal.
- El liderazgo carismático contribuye al éxito y la movilización de los movimientos populistas.
- El carisma de los líderes populistas a menudo resuena con las quejas y aspiraciones de sus seguidores.

Características clave de los líderes carismáticos

Confianza y Convicción

- Los líderes carismáticos exudan seguridad en sí mismos y convicción en sus creencias.
- Proyectan un fuerte sentido de propósito y determinación.
- Su confianza inquebrantable inspira confianza y lealtad entre sus seguidores.

Visionario e Inspirador

- Los líderes carismáticos articulan una visión convincente para el cambio.
- Inspiran a los seguidores a través de su capacidad para articular un futuro mejor.
- Su perspectiva visionaria fomenta un sentido de esperanza y optimismo entre sus seguidores.

Estrategias de comunicación de los líderes carismáticos

Potentes habilidades de oratoria

- Los líderes carismáticos poseen habilidades excepcionales para hablar en público.
- Utilizan un lenguaje persuasivo y una retórica cautivadora.
- Sus discursos tienen un impacto emocional en su audiencia.

Narración y simbolismo

- Los líderes carismáticos emplean técnicas de narración de historias para conectarse con sus seguidores.
- Utilizan lenguaje simbólico y metáforas para transmitir su mensaje.
- El simbolismo evoca emociones fuertes y resuena con los valores y aspiraciones de sus seguidores.

Implicaciones del liderazgo carismático

Dependencia de seguidores y personalización de políticas

- Los líderes carismáticos a menudo crean un fuerte sentido de dependencia entre sus seguidores.
- Su personalización de la política puede conducir al debilitamiento de las instituciones y los controles del poder.
- El carisma del líder se vuelve central para el movimiento, lo que dificulta la sucesión y la institucionalización.

El potencial para el autoritarismo

- Los líderes carismáticos pueden exhibir tendencias autoritarias.
- Sus fuertes personalidades y habilidades persuasivas pueden conducir a la concentración de poder.
- La erosión de las normas e instituciones democráticas es un riesgo potencial asociado con el liderazgo carismático.

Conclusión

El liderazgo carismático juega un papel importante en el éxito y el impacto de los movimientos populistas. La confianza, la visión y las estrategias de comunicación de los líderes carismáticos inspiran y movilizan a sus seguidores. Sin embargo, la dependencia del líder y el potencial de autoritarismo son consideraciones importantes al evaluar las implicaciones a largo plazo del liderazgo carismático en los sistemas democráticos.

En el próximo capítulo profundizaremos en las consecuencias del populismo en la gobernabilidad democrática. Al examinar los efectos de los movimientos populistas en las instituciones políticas, los procesos de formulación de políticas y la dinámica social, podemos comprender mejor los desafíos y oportunidades que surgen del liderazgo carismático característico del populismo.

APELACIÓN A LAS MASAS

Los movimientos populistas se caracterizan por su atractivo para las masas, a menudo atrayendo a una amplia base de seguidores. Comprender los factores que contribuyen a este atractivo es esencial para comprender la influencia y el impacto del populismo en los sistemas democráticos. Este capítulo explora los diversos elementos que hacen que el populismo sea atractivo para las masas, incluido el uso de un lenguaje sencillo, apelaciones emocionales y promesas de cambio.

Lenguaje y Comunicación

Simplicidad y Accesibilidad

- Los líderes populistas emplean un lenguaje sencillo que las masas entienden fácilmente.
- Evitan las discusiones complejas sobre políticas y la jerga técnica.
- Esta simplificación hace que su mensaje sea accesible y relacionado con una audiencia más amplia.

Comunicación directa y atractiva

- Los líderes populistas suelen adoptar un estilo de comunicación directo e informal.
- Utilizan lenguaje coloquial y anécdotas personales para conectar con su audiencia.
- Este estilo crea una sensación de familiaridad y relación con las masas.

Apelaciones Emocionales

Identificación de Frustraciones Comunes

- Los líderes populistas identifican y amplifican las frustraciones experimentadas por las masas.
- Aprovechan la ira, el miedo y la insatisfacción que prevalecen en la sociedad.
- Esta conexión emocional resuena con las preocupaciones de las masas y fortalece su base de apoyo.

Culpa y chivo expiatorio

- Los líderes populistas a menudo culpan a grupos o entidades específicas.
- Crean una narrativa de "nosotros contra ellos", enfrentando a las masas contra un enemigo percibido.
- Al proporcionar un objetivo para la frustración, ofrecen un sentido de identidad y propósito colectivos.

Promesas de Cambio

Retórica Antisistema

- Los líderes populistas se posicionan como outsiders que desafían el orden establecido.
- Critican a las élites políticas, las instituciones y los sistemas que consideran corruptos o insensibles.
- Esta postura antisistema resuena entre aquellos que se sienten rezagados o marginados por las estructuras de poder existentes.
-

Soluciones simples a problemas complejos

- Los líderes populistas ofrecen soluciones aparentemente sencillas a problemas complejos.

- Proporcionan respuestas claras y decisivas, con la promesa de abordar las preocupaciones de las masas.

- Esta simplicidad puede resultar atractiva para aquellos que buscan un cambio tangible e inmediato.

-

Simbolismo e Identidad Nacional

Apelaciones nacionalistas

- Los movimientos populistas a menudo enfatizan la identidad y el orgullo nacional.

- Promueven un sentido de pertenencia y unidad entre las masas.

- Este nacionalismo atrae a quienes temen la erosión cultural o la pérdida de soberanía.

Uso de símbolos e imágenes

- Los líderes populistas emplean símbolos e imágenes que evocan emociones fuertes.

- Utilizan banderas, eslóganes y otros elementos visuales poderosos para reunir apoyo.

- Este simbolismo refuerza el mensaje y crea un sentido de identidad compartida.

Conclusión

La apelación a las masas es una característica central del populismo. Los líderes populistas utilizan de manera efectiva el lenguaje y las estrategias de comunicación para interactuar con la población en general. Las apelaciones emocionales, las promesas de cambio y el uso del simbolismo contribuyen aún más a su atractivo masivo. Comprender estos elementos es crucial para comprender el impacto del populismo en los sistemas democráticos y los desafíos que presenta para las normas políticas establecidas.

En el próximo capítulo, examinaremos las consecuencias del populismo en la gobernabilidad democrática. Al analizar los efectos de los movimientos populistas en las instituciones políticas, los procesos de formulación de políticas y la dinámica social, podemos obtener una comprensión más profunda de las implicaciones a largo plazo de atraer a las masas en el contexto del populismo.

RETÓRICA SIMPLISTA

Los movimientos populistas a menudo emplean una retórica simplista como una herramienta poderosa para atraer y movilizar seguidores. El uso de un lenguaje sencillo y accesible es una característica definitoria del populismo, que atrae a quienes se sienten desconectados de las complejidades de la política. Este capítulo explora el papel de la retórica simplista en el populismo y su impacto en los sistemas democráticos, incluidas sus fortalezas, limitaciones y posibles consecuencias.

El poder de la simplicidad

Idioma accesible

- Los líderes populistas utilizan un lenguaje que las masas entienden fácilmente.
- Evitan los términos técnicos y las discusiones políticas complejas.
- Esta accesibilidad permite que una gama más amplia de personas se conecte y capte su mensaje.

Comunicación Clara y Directa

- La retórica populista se caracteriza por su claridad y franqueza.
- Los mensajes se entregan de manera directa, dejando poco espacio para la ambigüedad.
- Este estilo de comunicación directa resuena con aquellos que buscan respuestas simples y decisivas.

Simplificación excesiva de problemas complejos

Narrativas en blanco y negro

- Los líderes populistas a menudo presentan los problemas en términos binarios, simplificando demasiado los problemas complejos.
- Crean una dicotomía de "el bien contra el mal" o "nosotros contra ellos".
- Este marco simplista puede ser emocionalmente atractivo, pero carece de matices e ignora las complejidades de los desafíos del mundo real.

Identificación de chivos expiatorios

- La retórica populista tiende a culpar a grupos o entidades específicas.
- Ofrecen explicaciones simples al convertir a las minorías, los inmigrantes o las élites políticas en chivos expiatorios.
- Este juego de culpas simplifica en exceso cuestiones sociales, económicas y políticas complejas, desviando la atención de problemas estructurales más profundos.

Apela a las emociones

Evocar el miedo y la ira

- Los líderes populistas usan un lenguaje cargado de emociones para evocar el miedo y la ira.
- Aprovechan las frustraciones y ansiedades de las masas.
- Este llamamiento emocional puede movilizar a los partidarios y crear

un sentido de urgencia por el cambio.

Promover la esperanza y el optimismo

- Los líderes populistas también ofrecen mensajes de esperanza y optimismo.
- Pintan una imagen de un futuro más brillante y prometen abordar las preocupaciones de la gente.
- Esta retórica optimista inspira seguidores y genera entusiasmo por su causa.

Limitaciones y Consecuencias

Falta de matices y profundidad de la política

- La retórica simplista a menudo pasa por alto las complejidades de la formulación de políticas.
- Puede ofrecer arreglos rápidos o soluciones demasiado simplificadas para problemas complejos.
- Esto puede conducir a expectativas poco realistas y a la incapacidad de abordar los problemas sistémicos subyacentes.

Polarización y división

- La simplificación excesiva y las narrativas binarias pueden fomentar la polarización en la sociedad.
- La retórica populista puede crear una mentalidad de "nosotros contra ellos", profundizando las divisiones sociales.
- Esta polarización puede erosionar la cohesión social y dificultar el diálogo constructivo.

Conclusión

La retórica simplista es un sello distintivo del populismo, que permite a los líderes populistas conectarse y movilizar una amplia base de seguidores. El poder de la simplicidad radica en su accesibilidad y franqueza, atrayendo a aquellos que buscan respuestas directas. Sin embargo, la simplificación excesiva, los atractivos emocionales y la falta de matices pueden tener limitaciones y consecuencias, lo que puede dificultar la gobernanza efectiva y contribuir a las divisiones sociales.

En el próximo capítulo profundizaremos en las consecuencias de los movimientos populistas sobre la gobernabilidad democrática. Al examinar los efectos del populismo en las instituciones políticas, los procesos de formulación de políticas y la dinámica social, podemos obtener una comprensión más profunda del impacto de la retórica simplista dentro del contexto del populismo.

A POSTURA ANTISISTEMA

Una característica esencial del populismo es su postura antisistema. Los movimientos populistas a menudo se posicionan como extraños que desafían el orden político, económico y social existente. Este capítulo explora la dinámica y las implicaciones de la retórica y las acciones antisistema en el contexto del populismo, arrojando luz sobre sus orígenes, motivaciones e impacto en los sistemas democráticos.

Definición de la postura antisistema

Oposición a las élites políticas

- Los movimientos populistas expresan descontento y desilusión con las élites políticas tradicionales.
- Critican a los partidos y líderes políticos establecidos por su percepción de corrupción, ineficacia y desapego de las preocupaciones de los ciudadanos comunes.
- Esta oposición al establecimiento político forma un pilar central de la agenda populista.

Élites económicas desafiantes

- Los movimientos populistas a menudo dirigen su retórica antisistema hacia las élites económicas y los intereses corporativos.
- Acusan a estas élites de beneficiarse a expensas de la clase trabajadora y la población en general.
- Este desafío a las estructuras de poder económico resuena en aquellos que se sienten rezagados o marginados por el orden económico prevaleciente.

Causas y Motivaciones

Desigualdad e injusticia percibidas

- La postura antisistema surge de una percepción de desigualdad social y económica.
- Los movimientos populistas buscan abordar las quejas de quienes creen que el sistema está amañado a favor de unos pocos privilegiados.
- Aprovechan la frustración y la ira generadas por las injusticias percibidas en la sociedad.

Desconfianza en las instituciones

- La postura antisistema refleja una desconfianza profundamente arraigada en las estructuras políticas e institucionales.
- Los movimientos populistas argumentan que las instituciones establecidas no responden y no representan los intereses de la gente.
- Esta desconfianza se ve alimentada por una sensación de privación de derechos y la percepción de que las élites mantienen su poder por medios no democráticos.

Impacto en los Sistemas Democráticos

Sacudiendo el status quo

- Los movimientos populistas alteran el orden político establecido y desafían las estructuras de poder tradicionales.
- Su retórica antisistema obliga a los principales partidos a abordar las preocupaciones de sus seguidores.
- Esta reorganización puede llamar la atención sobre cuestiones desatendidas y dar lugar a una reevaluación de las prioridades políticas.

Erosión de la confianza en las instituciones democráticas

- La postura antisistema puede socavar la confianza pública en las instituciones democráticas.

- La retórica populista que deslegitima a las instituciones establecidas como corruptas o egoístas erosiona la fe en el proceso democrático.

- Esta erosión de la confianza plantea desafíos para el funcionamiento y la estabilidad de los sistemas democráticos.

Equilibrar el cambio y la estabilidad

La necesidad de reforma y renovación

- La postura antisistema exige reformas y renovación dentro de los sistemas democráticos.

- Desafía la autocomplacencia e impulsa una mayor rendición de cuentas y capacidad de respuesta.

- Este énfasis en el cambio puede promover la renovación democrática y la adaptación a las necesidades sociales en evolución.

Riesgos de desestabilización

- La retórica antisistema también puede contribuir a la inestabilidad y la polarización.

- La desconfianza y el desprecio excesivos por las instituciones establecidas pueden debilitar los frenos y contrapesos que salvaguardan los sistemas democráticos.

- Lograr un equilibrio entre abordar las quejas legítimas y preservar la estabilidad democrática es un desafío fundamental.

Conclusión

La postura antisistema es un aspecto central del populismo, que refleja las frustraciones y aspiraciones de aquellos que se sienten marginados o desencantados con el orden político y económico existente. Si bien puede estimular la reforma necesaria y hacer que las élites rindan cuentas, la retórica antisistema también conlleva riesgos para la estabilidad democrática y la confianza institucional. Comprender las motivaciones y el impacto de esta postura es crucial para comprender la compleja relación entre populismo y democracia.

En el próximo capítulo, exploraremos las implicaciones del populismo para la gobernabilidad democrática y las posibles consecuencias de la postura antisistema en la formulación de políticas, la representación y el funcionamiento de las instituciones democráticas.

4

ESTRATEGIAS Y TÁCTICAS POPULISTAS

En este capítulo profundizaremos en las diversas estrategias y tácticas empleadas por los líderes y movimientos populistas para ganar y mantener el poder. El populismo se caracteriza por su atractivo para las masas y su capacidad para aprovechar el descontento popular. Comprender las estrategias y tácticas utilizadas por los populistas es crucial para comprender su impacto en la democracia y la sociedad en su conjunto. Exploraremos cómo se emplean estas estrategias, sus motivaciones subyacentes y las consecuencias que tienen en las instituciones democráticas.

Apelaciones emocionales

Los líderes populistas a menudo emplean apelaciones emocionales para conectarse con sus seguidores. Aprovechan las frustraciones, los miedos y las aspiraciones de la población, presentándose como la voz de la gente común. Mediante el uso de un lenguaje evocador, una narración vívida y una retórica poderosa, crean un vínculo emocional con su audiencia, estableciéndose como campeones de sus agravios.

Simplificación de Problemas Complejos

Una de las estrategias distintivas del populismo es la simplificación de problemas complejos. Los líderes populistas a menudo simplifican demasiado los problemas, los presentan en términos de blanco y negro y ofrecen soluciones sencillas que resuenan entre sus seguidores. Este enfoque reduccionista puede atraer a quienes buscan soluciones rápidas o se sienten abrumados por la complejidad de los desafíos modernos.

Retórica antisistema:

Los movimientos populistas prosperan en el sentimiento antisistema. Se posicionan como forasteros que luchan contra una élite corrupta y egoísta. Los líderes populistas a menudo presentan a los partidos políticos, las instituciones y los expertos tradicionales como parte de un establecimiento distante y fuera de contacto que ignora las preocupaciones de la gente común. Esta retórica les ayuda a movilizar apoyo y establecer un sentido de solidaridad entre sus seguidores.

Nosotros contra ellos:

Los movimientos populistas frecuentemente emplean una retórica divisiva, enfatizando la división entre "el pueblo" y varios "otros". Estos "otros" pueden ser opositores políticos, minorías culturales, inmigrantes o cualquier grupo percibido como una amenaza a los intereses o valores de la mayoría dominante. Al crear una narrativa de "nosotros contra ellos", los populistas consolidan su base de apoyo y fomentan un sentido de identidad y pertenencia entre sus seguidores.

Manipulación de medios y propaganda:

Los líderes populistas a menudo se basan en la manipulación y la propaganda de los medios para moldear la opinión pública. Pueden atacar a los medios de comunicación independientes, descartándolos como parciales o difundiendo "noticias falsas", mientras promueven fuentes alternativas de información que se alinean con sus narrativas. Al controlar la narrativa y dar forma al discurso público, los populistas pueden influir en la percepción pública y mantener una fortaleza entre sus seguidores.

Movilización de las redes sociales y las redes en línea:

Los populistas han utilizado eficazmente las plataformas de medios sociales y las redes en línea para movilizar apoyo y eludir a los guardianes tradicionales de la información. Pueden interactuar directamente con sus seguidores, difundir su mensaje y obtener apoyo para su causa. La capacidad de comunicarse directamente con su base ha dado a los movimientos populistas un nuevo nivel de alcance e influencia en la era digital.

Explotación de la ansiedad económica

Los populistas a menudo explotan la ansiedad económica presentándose como defensores de la clase trabajadora y prometiendo abordar la desigualdad económica. Aprovechan las preocupaciones sobre la pérdida de empleo, el estancamiento de los salarios y la erosión de las redes de seguridad social, utilizando estos problemas para reunir apoyo y presentarse como la solución a los agravios económicos.

Comprender las estrategias y tácticas empleadas por los populistas es crucial para comprender su impacto en la democracia. Al analizar sus atractivos emocionales, la simplificación de temas complejos, la retórica antisistema, las narrativas divisivas, la manipulación de los medios, la utilización de las redes sociales y la explotación de la ansiedad económica, podemos comprender mejor los métodos a través de los cuales los populistas obtienen y mantienen el poder. Sin embargo, es importante examinar críticamente las consecuencias de estas estrategias y su potencial para socavar las instituciones y los procesos democráticos.

Nota: Este capítulo proporciona una descripción general de algunas estrategias y tácticas comunes empleadas por la población.

Los movimientos populistas emplean varias estrategias y tácticas para ganar apoyo, movilizar su base e influir en los panoramas políticos. Comprender estas estrategias es crucial para comprender la dinámica y el impacto del populismo en los sistemas democráticos. Este capítulo explora las estrategias y tácticas clave utilizadas por los movimientos populistas, arrojando luz sobre sus métodos de comunicación, movilización y maniobra política.

Mensajería simplista

Lemas pegadizos y fragmentos de sonido memorables

- Los movimientos populistas se basan en eslóganes concisos y memorables que captan sus mensajes centrales.
- Estos eslóganes están diseñados para resonar en las masas y ser fácilmente difundidos.
- La simplicidad de los mensajes permite un amplio atractivo y un reconocimiento instantáneo.

Narrativas de nosotros contra ellos

- Los movimientos populistas a menudo enmarcan los debates políticos como una lucha entre el "pueblo" y las "élites".
- Crean una narrativa de un establecimiento corrupto que está fuera de contacto con las necesidades de la gente común.
- Esta división refuerza la identidad populista y fomenta un sentido de propósito colectivo entre los partidarios.

Apelaciones Emocionales

El miedo y la ira

- Los movimientos populistas aprovechan las emociones del miedo y la ira para movilizar a su base.

- Destacan las amenazas sociales, como el declive económico, la erosión cultural o las amenazas percibidas de la inmigración.

- Al avivar estas emociones, crean una sensación de urgencia y la necesidad de una acción inmediata.

Esperanza y Optimismo

- Los líderes populistas también ofrecen mensajes de esperanza y optimismo, prometiendo un futuro mejor.

- Proporcionan una visión de cambio y mejora, resonando con aquellos que buscan una perspectiva más brillante.

- Este atractivo emocional inspira y motiva a los seguidores, fomentando la lealtad y el compromiso.

Movilización de la Base

Organización de base

- Los movimientos populistas enfatizan la organización de base para construir una fuerte base de apoyo.

- Dependen de voluntarios y activistas que difunden su mensaje, interactúan con la comunidad local y reclutan nuevos miembros.

- Este enfoque ascendente permite el contacto directo con los votantes y establece un sentido de propiedad y participación.

Uso de redes sociales y plataformas digitales

- Los movimientos populistas aprovechan el poder de las redes sociales y las plataformas digitales para llegar a un público más amplio.
- Utilizan estas plataformas para difundir su mensaje, movilizar seguidores y eludir los canales de medios tradicionales.
- La inmediatez y accesibilidad de las redes sociales permiten una rápida difusión de las narrativas populistas.

Postura anti-establecimiento

Críticas a las élites políticas

- Los movimientos populistas se posicionan como retadores del establecimiento político existente.
- Critican a políticos, partidos e instituciones establecidos por su percepción de corrupción o desapego de las preocupaciones de los ciudadanos comunes.
- Esta postura antisistema la diferencia de la corriente principal política.

Tácticas Disruptivas

- Los movimientos populistas emplean tácticas disruptivas para llamar la atención sobre su causa y desafiar el statu quo.
- Estas tácticas pueden incluir protestas, mítines o actos de desobediencia civil.
- Al crear interrupciones, buscan obligar a las estructuras de poder existentes a tomar nota y responder.

Conclusión

Los movimientos populistas emplean una variedad de estrategias y tácticas para amplificar su mensaje, movilizar seguidores y desafiar las normas políticas establecidas. Su uso de mensajes simplistas, apelaciones emocionales, movilización de base y posturas antisistema contribuye a su atractivo e influencia. Comprender estas estrategias es crucial para comprender el impacto del populismo en los sistemas democráticos y los desafíos que plantean a las dinámicas políticas tradicionales.

En el próximo capítulo, examinaremos las consecuencias de las estrategias y tácticas populistas sobre la gobernabilidad democrática, incluidos sus efectos sobre el discurso político, los procesos de formulación de políticas y la estabilidad de las instituciones democráticas.

NOSOTROS CONTRA ELLOS: POLARIZACIÓN Y POLÍTICAS DE IDENTIDAD

Los movimientos populistas a menudo prosperan gracias a la polarización y la promoción de políticas de identidad. Al enfrentar a "nosotros" contra "ellos", crean un entorno de división, conflicto y exclusión. Este capítulo explora la dinámica y las consecuencias de la polarización y las políticas de identidad en el contexto del populismo, arrojando luz sobre su impacto en los sistemas democráticos y la cohesión social.

La creación de grupos internos y externos

Lenguaje divisivo y retórica

- Los movimientos populistas emplean un lenguaje divisivo para crear un sentido de pertenencia entre sus seguidores.
- Enfatizan las diferencias entre su grupo interno (la "gente") y el grupo externo (el "otro").
- Esta división a menudo se basa en factores como la nacionalidad, el origen étnico, la religión o la afiliación política.
-

Construcción de identidad populista

- Los líderes populistas cultivan una identidad populista distinta, reforzando la noción de un grupo interno unido contra el grupo externo.
- Apelan a valores compartidos, patrimonio cultural o una visión común de la nación.
- Esta construcción de identidad fomenta un sentido de solidaridad y lealtad entre sus seguidores.

Polarización política

Polarización ideológica

- Los movimientos populistas contribuyen a la polarización ideológica al enmarcar los debates políticos en términos binarios.

- Simplifican problemas complejos en narrativas de "bien versus mal" o "bien versus mal".

- Esta polarización reduce el espacio para el diálogo matizado y el compromiso, lo que dificulta la gobernabilidad democrática efectiva.

Erosión de la confianza y la cooperación

- La polarización socava la confianza y la cooperación entre las diferentes facciones políticas.

- Fomenta un ambiente de hostilidad, donde la cooperación y la creación de consenso se vuelven cada vez más desafiantes.

- Esta erosión de la confianza puede conducir a un estancamiento, a una parálisis de las políticas y a un colapso en la toma de decisiones democrática.

Política de identidad

Enfatizando las identidades grupales

- Los movimientos populistas capitalizan las identidades de los grupos, como la etnia, la nacionalidad o la religión.

- Afirman la primacía de estas identidades, a menudo a expensas de los derechos individuales o de los grupos minoritarios.

- Este enfoque en las identidades grupales puede marginar a ciertos segmentos de la sociedad, contribuyendo a las divisiones sociales.

Cultivar las quejas y el resentimiento

- La política de identidad dentro del populismo a menudo aprovecha las quejas históricas o las injusticias percibidas.

- Los líderes populistas explotan estos agravios para movilizar a su base, perpetuando una sensación de victimismo y resentimiento.

- Este cultivo de agravios puede exacerbar las tensiones entre diferentes grupos identitarios, polarizando aún más a la sociedad.

Consecuencias para la democracia y la cohesión social

Erosión de las normas democráticas

- La polarización y la política de identidad pueden socavar las normas e instituciones democráticas.

- Priorizan los intereses del grupo sobre los principios de igualdad, inclusión y respeto por los derechos individuales.

- Esta erosión debilita la gobernabilidad democrática y obstaculiza el funcionamiento de las sociedades pluralistas.

Amenazas a la cohesión social

- La polarización populista y las políticas de identidad erosionan la cohesión social al fomentar la división y la animosidad.

- Exacerban las divisiones sociales y aumentan las tensiones entre diferentes grupos identitarios.

- Esta erosión de la cohesión social socava los cimientos de una sociedad democrática saludable.

Conclusión

La polarización y las políticas de identidad son componentes centrales del populismo, dando forma a la dinámica de los sistemas democráticos y las interacciones sociales. Al enfrentar a "nosotros" contra "ellos", los movimientos populistas contribuyen a la polarización política, erosionan la confianza y fomentan las divisiones en torno a la identidad. Comprender las consecuencias de la polarización y las políticas de identidad es crucial para salvaguardar los valores democráticos y promover sociedades inclusivas y cohesionadas.

MANIPULACIÓN DE MEDIOS Y PROPAGANDA

Los movimientos populistas a menudo emplean técnicas de manipulación y propaganda de los medios para moldear la opinión pública, controlar la narrativa y consolidar su poder. Este capítulo explora las estrategias y tácticas utilizadas por los populistas para manipular los medios, difundir propaganda e influir en el discurso público. Comprender el papel de la manipulación de los medios es crucial para evaluar el impacto del populismo en los procesos democráticos y el libre flujo de información.

Control y Manipulación de Medios

Ataques al Periodismo Independiente

- Los líderes populistas a menudo apuntan al periodismo independiente y a los periodistas que critican su agenda.
- Desacreditan y socavan la credibilidad de los medios de comunicación de buena reputación, etiquetándolos como "noticias falsas" o parte del "establecimiento".
- Esta estrategia tiene como objetivo erosionar la confianza pública en los medios y crear un entorno favorable para difundir sus propias narrativas.

Creación de Puntos de Propaganda

- Los movimientos populistas pueden establecer sus propios medios de comunicación, que actúan como plataformas de propaganda.
- Estos medios difunden información sesgada y promueven la agenda populista, a menudo sin verificación rigurosa de hechos o integridad periodística.
- Al controlar la narrativa a través de sus canales de medios, los populistas pueden moldear la percepción pública y limitar los puntos de vista opuestos.

Desinformación y Fake News

Propagación de información errónea

- Los movimientos populistas aprovechan el poder de la desinformación para confundir y manipular la opinión pública.

- Difunden información falsa o engañosa a través de las redes sociales, plataformas en línea y mensajes dirigidos.

- Esta difusión deliberada de información errónea tiene como objetivo socavar la confianza en las instituciones democráticas y sembrar dudas entre el público.

Amplificación a través de las redes sociales

- Los líderes populistas explotan el alcance y la naturaleza viral de las plataformas de redes sociales para amplificar su propaganda.

- Utilizan bots automatizados, ejércitos de trolls y campañas coordinadas para difundir sus mensajes y ahogar las voces opuestas.

- La difusión rápida y generalizada de desinformación en las redes sociales puede tener efectos de gran alcance en el discurso público.

Manipulación Emocional

Apela a las emociones

- Los movimientos populistas emplean la manipulación emocional para influir en la opinión pública y obtener apoyo.

- Utilizan un lenguaje cargado de emociones, anécdotas personales y narraciones sensacionalistas para provocar reacciones fuertes.

- Esta manipulación emocional pasa por alto el análisis racional y fomenta un sentido de identificación y lealtad entre sus seguidores.

Explotación de miedos y prejuicios

- Los líderes populistas explotan los miedos, los prejuicios y las ansiedades existentes dentro de la sociedad para promover su agenda.
- Utilizan a grupos marginados, inmigrantes u otras amenazas percibidas como chivos expiatorios para avivar el miedo y la división.
- Esta explotación profundiza las divisiones sociales y puede conducir a políticas y acciones discriminatorias.

Manipulación del discurso político

Simplificación excesiva y polarización

- Los movimientos populistas simplifican temas complejos en narrativas binarias para atraer a su base.
- Enmarcan los debates políticos como "nosotros contra ellos", reforzando la polarización y obstaculizando las discusiones matizadas.
- Esta simplificación excesiva reduce la gama de opciones políticas aceptables y reprime el diálogo constructivo.

Desviación y desconfianza

- Los líderes populistas desvían las críticas y el escrutinio creando una atmósfera de desconfianza.
- Se presentan a sí mismos como víctimas de conspiraciones u opositores políticos que actúan en contra de los intereses del pueblo.
- Estas tácticas de desvío desvían la atención de las cuestiones sustantivas y socavan la rendición de cuentas.

Conclusión

La manipulación y la propaganda de los medios juegan un papel importante en el surgimiento y consolidación de los movimientos populistas. Al controlar la narrativa de los medios, difundir desinformación y manipular emocionalmente al público, los populistas pueden moldear la opinión pública y socavar los procesos democráticos. Reconocer y contrarrestar estas tácticas es esencial para salvaguardar la integridad de los sistemas democráticos y garantizar una ciudadanía bien informada.

EXPLOTAR LA ANSIEDAD ECONÓMICA

Los movimientos populistas a menudo capitalizan la ansiedad económica entre la población para obtener apoyo y avanzar en su agenda política. Este capítulo explora cómo los populistas explotan las preocupaciones económicas, los agravios y las desigualdades para reunir seguidores y dar forma al discurso público. Comprender la manipulación de la ansiedad económica es crucial para comprender el impacto del populismo en los sistemas democráticos y las políticas económicas.

Desigualdades económicas y descontento

Aumento de la desigualdad de ingresos

- Los líderes populistas destacan las crecientes disparidades de ingresos y las desigualdades económicas para alimentar el descontento entre la población.

- Destacan la concentración de la riqueza en manos de unos pocos, contrastándola con las luchas de los ciudadanos comunes.

- Esta narrativa crea una sensación de injusticia y fomenta el apoyo a políticas populistas que prometen abordar estas disparidades.

Oportunidades económicas en declive

- Los movimientos populistas explotan los temores a la inseguridad laboral, la automatización, la globalización y la subcontratación.

- Argumentan que los principales políticos y la "élite" no han podido proteger a los trabajadores y sus medios de vida.

- Esta explotación de las ansiedades económicas resuena en aquellos que se sienten dejados atrás por los cambios económicos y fomenta el apoyo a alternativas populistas.

Proteccionismo y nacionalismo económico

Comercio e Inmigración

- Los líderes populistas a menudo se posicionan como defensores de las industrias y los trabajadores domésticos frente a las amenazas percibidas del comercio y la inmigración.

- Argumentan que la globalización y los acuerdos de libre comercio han llevado a la pérdida de empleos y al declive económico.

- Esta retórica resuena entre quienes temen el impacto de la integración económica global y buscan medidas proteccionistas.

Nacionalismo Económico

- Los movimientos populistas promueven el nacionalismo económico, abogando por políticas que prioricen los intereses nacionales sobre la cooperación internacional.

- Abogan por aranceles, restricciones a las inversiones extranjeras y la repatriación de empleos para impulsar las economías nacionales.

- Esta apelación al nacionalismo económico aprovecha el deseo de autosuficiencia y seguridad económica, particularmente en tiempos de incertidumbre.

Promesas de protección y redistribución económica

Seguridad económica prometedora

- Los líderes populistas prometen proteger a los ciudadanos de las crisis económicas y las incertidumbres.

- Proponen políticas como un mayor bienestar social, garantías laborales y protección de las industrias nacionales para brindar seguridad económica.

- Esta promesa de protección económica atrae a aquellos que se sienten vulnerables en un panorama económico que cambia rápidamente.

Llamadas a la redistribución

- Los movimientos populistas abogan por políticas redistributivas que apuntan a reducir las disparidades económicas y abordar las injusticias percibidas.

- Abogan por impuestos más altos para los ricos, mayor gasto social y una mayor intervención del gobierno en la economía.

- Este llamado a la redistribución resuena entre quienes creen que el sistema económico está amañado a favor de la élite y buscan una mayor igualdad económica.

Consecuencias y Desafíos

Soluciones Simplistas

- La explotación populista de la ansiedad económica a menudo simplifica demasiado los desafíos económicos complejos.

- Ofrecen soluciones simplistas que pueden no abordar las causas fundamentales de los problemas económicos o pueden tener consecuencias no deseadas.

- Este enfoque puede obstaculizar la formulación de políticas basadas en pruebas y dar lugar a medidas económicas ineficaces o perjudiciales.

Fragmentación y Divisiones

- La explotación de la ansiedad económica puede contribuir a la fragmentación y las divisiones sociales.

- Las narrativas populistas pueden fomentar la animosidad entre diferentes grupos económicos o alimentar el resentimiento hacia las comunidades minoritarias o los inmigrantes.

- Esta fragmentación socava la cohesión social y plantea desafíos para la gobernabilidad democrática inclusiva.

Conclusión

Los movimientos populistas explotan hábilmente la ansiedad económica al resaltar las desigualdades, promover políticas proteccionistas y prometer seguridad económica y redistribución. Al capitalizar los agravios económicos, los populistas pueden reunir apoyo y remodelar el panorama político.

MOVILIZACIÓN DE LAS REDES SOCIALES Y LAS REDES EN LÍNEA

Los movimientos populistas han aprovechado el poder de las redes sociales y las redes en línea para movilizar apoyo, dar forma a narrativas e influir en el discurso político. Este capítulo explora cómo los populistas aprovechan estas plataformas digitales para conectarse con sus seguidores, difundir sus mensajes e impactar los procesos democráticos. Comprender el papel de las redes sociales y las redes en línea es crucial para evaluar la dinámica contemporánea del populismo y su impacto en la democracia.

Las redes sociales como herramienta de movilización

Amplio alcance y accesibilidad

- Los líderes populistas utilizan las plataformas de redes sociales para llegar a una amplia audiencia, trascendiendo las fronteras geográficas y sociales.
- Las redes sociales proporcionan un medio de comunicación accesible y rentable, que permite a los populistas interactuar directamente con sus seguidores.

Difusión Rápida de Mensajes

- Los populistas aprovechan la naturaleza viral de las redes sociales para difundir rápidamente sus mensajes y movilizar apoyo.
- Emplean eslóganes pegadizos, contenido visual y narraciones convincentes que resuenan con su público objetivo.
- Esta rápida difusión permite a los populistas eludir a los guardianes de los medios tradicionales y comunicarse directamente con sus seguidores.

Creación de comunidades en línea

Cultivar un sentido de pertenencia

- Los movimientos populistas crean comunidades en línea donde los seguidores pueden conectarse, compartir sus puntos de vista y sentirse parte de un colectivo.
- Fomentan un sentido de pertenencia e identificación con el movimiento, fortaleciendo el vínculo entre el líder y los simpatizantes.
- Esta camaradería en línea genera lealtad y motiva a los seguidores a participar en el activismo fuera de línea.

Ampliando el apoyo a través de las redes

- Los líderes populistas alientan a sus seguidores a ampliar sus mensajes compartiendo contenido y reclutando a otros.
- Emplean estrategias como hashtags, desafíos en redes sociales y campañas virales para aumentar la visibilidad y el alcance.
- Este efecto de red expande la influencia del movimiento, extendiendo su impacto más allá de la base inmediata de seguidores.

Dar forma a la Narrativa

Controlando el Discurso

- Los movimientos populistas utilizan las redes sociales para dar forma a la narrativa y controlar el discurso público.
- Enmarcan los problemas de manera que refuerzan su agenda y marginan los puntos de vista opuestos.
- Este control sobre la narrativa permite a los populistas dominar las discusiones públicas y dar forma a la agenda política.

Desacreditar a los opositores y los principales medios de comunicación

- Los líderes populistas usan las redes sociales para desacreditar a sus oponentes y desafiar la credibilidad de los principales medios de comunicación.

- Etiquetan las voces críticas como parte de la "élite", el "establecimiento" o representantes de un sistema corrupto.

- Esta estrategia tiene como objetivo socavar la confianza en las instituciones tradicionales y posicionar al movimiento populista como la voz del pueblo.

Desinformación y manipulación en línea

Difundir desinformación y teorías de conspiración

- Los movimientos populistas aprovechan las redes sociales para difundir desinformación y teorías de conspiración.

- Aprovechan las características algorítmicas y las cámaras de eco de las plataformas en línea para dirigirse a audiencias específicas.

- Estas campañas de desinformación pueden sembrar confusión, erosionar la confianza en las instituciones democráticas y polarizar la opinión pública.

Algoritmos de manipulación y publicidad dirigida

- Los populistas emplean técnicas sofisticadas para manipular algoritmos y apuntar a datos demográficos específicos con contenido personalizado.

- Utilizan análisis de datos y microtargeting para dar forma a mensajes y anuncios que resuenan con usuarios individuales.

- Este enfoque personalizado maximiza el compromiso y mejora la eficacia de sus esfuerzos de movilización en línea.

Conclusión

Las redes sociales y las redes en línea se han convertido en herramientas poderosas para los movimientos populistas, permitiéndoles movilizar apoyo, dar forma a narrativas e influir en los procesos democráticos. El impacto de estas plataformas digitales en el discurso político y la gobernabilidad democrática plantea importantes desafíos. Comprender cómo se movilizan los populistas a través de las redes sociales es crucial para desarrollar estrategias para promover la alfabetización digital, abordar la manipulación en línea y salvaguardar la integridad de los sistemas democráticos.

5

LA INFLUENCIA DEL POPULISMO EN LA DEMOCRACIA

El populismo ha surgido como una fuerza significativa en la política contemporánea, desafiando las normas e instituciones democráticas tradicionales. Este capítulo examina el impacto del populismo en la democracia y explora las formas en que los movimientos populistas pueden moldear y transformar los sistemas democráticos. Comprender la influencia del populismo en la democracia es esencial para evaluar sus implicaciones e identificar estrategias para garantizar la resiliencia y vitalidad de la gobernabilidad democrática.

Erosión de las instituciones democráticas

Debilitamiento de frenos y contrapesos

- Los líderes populistas a menudo buscan consolidar el poder socavando o eludiendo los controles y equilibrios dentro de los sistemas democráticos.

- Pueden atacar la independencia del poder judicial, restringir la libertad de prensa o manipular los procesos electorales para concentrar el poder en sus manos.

- Esta erosión de los controles y equilibrios institucionales amenaza los cimientos de la gobernabilidad democrática.

Polarización y Divisiones

- Los movimientos populistas con frecuencia explotan las divisiones sociales y alimentan la polarización dentro de las sociedades.

- Hacen hincapié en las narrativas de "nosotros contra ellos", buscando a grupos específicos como chivos expiatorios y fomentando un ambiente de hostilidad y desconfianza.

- Esta polarización debilita la cohesión social y dificulta el carácter inclusivo y deliberativo de la toma de decisiones democrática.

Socavar el pluralismo y los derechos de las minorías

Gobierno de la mayoría y mayoritario populista

- Los movimientos populistas a menudo priorizan la voluntad de la mayoría sobre la protección de los derechos e intereses de las minorías.

- Pueden desafiar los derechos de los grupos marginados, descartar las voces disidentes o restringir la representación de las minorías.

- Este desprecio por el pluralismo puede erosionar la inclusión y la diversidad esenciales para sistemas democráticos sólidos.

Amenazas a los derechos humanos y las libertades civiles

- Los líderes populistas pueden adoptar políticas antiliberales que restringen las libertades individuales y socavan los derechos humanos.

- Pueden dirigirse a grupos específicos, restringir la libertad de expresión o debilitar las salvaguardias para las poblaciones vulnerables.

- Esta erosión de los derechos humanos y las libertades civiles disminuye el espacio democrático y socava el estado de derecho.

Impacto en el Discurso Político y el Debate Público

Retórica polarizadora y manipulación

- Los movimientos populistas a menudo emplean una retórica divisiva e incendiaria que polariza el discurso público.
- Pueden usar eslóganes simplistas, participar en ataques personales o difundir información falsa para moldear la opinión pública.
- Esta manipulación del discurso político socava la calidad del debate público y dificulta la formación de opiniones informadas.

Deslegitimar las instituciones democráticas

- Los líderes populistas cuestionan con frecuencia la legitimidad de las instituciones democráticas, describiéndolas como corruptas o desconectadas de la gente.
- Pueden rechazar opiniones de expertos, descartar la formulación de políticas basadas en evidencia o propagar teorías de conspiración.
- Esta deslegitimación de las instituciones democráticas debilita la confianza pública en los cimientos de la gobernabilidad democrática.

Desafíos para la resiliencia democrática

Fortalecimiento de las instituciones democráticas

- Contrarrestar la influencia del populismo requiere esfuerzos para fortalecer las instituciones democráticas y garantizar su independencia y eficacia.
- Salvaguardar la separación de poderes, proteger el estado de derecho y promover la transparencia y la rendición de cuentas son cruciales para mitigar la erosión de las normas democráticas.

Mejorar la educación cívica y la alfabetización mediática

- La construcción de democracias resilientes requiere programas sólidos de educación cívica que promuevan el pensamiento crítico, la alfabetización mediática y la ciudadanía activa.

- Empoderar a los ciudadanos para distinguir la información confiable de la desinformación y participar en un discurso público constructivo es esencial para contrarrestar las narrativas divisivas propagadas por el populismo.

Conclusión

La influencia del populismo en la democracia puede ser profunda, desafiar los cimientos de la gobernabilidad democrática y socavar principios e instituciones clave. Reconocer la erosión de las normas democráticas, proteger los derechos de las minorías, fomentar un discurso político inclusivo y fortalecer las instituciones democráticas es crucial para preservar y revitalizar la democracia frente a los movimientos populistas.

AMENAZAS A LAS INSTITUCIONES DEMOCRÁTICAS

El populismo plantea importantes desafíos a las instituciones democráticas, a menudo socavando su eficacia y erosionando los cimientos de la gobernabilidad democrática. Este capítulo examina las amenazas que presenta el populismo a las instituciones democráticas y explora las consecuencias para los sistemas democráticos. Comprender estas amenazas es crucial para diseñar estrategias para salvaguardar la integridad y la resiliencia de las instituciones democráticas.

Erosión de cheques y saldos

Ataques a la Independencia Judicial

- Los líderes populistas pueden tratar de socavar la independencia del poder judicial, cuestionando su legitimidad o interfiriendo con los nombramientos judiciales.
- Al erosionar la independencia judicial, los populistas socavan el sistema de frenos y contrapesos que garantiza la rendición de cuentas del poder ejecutivo.

Asalto a la libertad de prensa

- Los movimientos populistas a menudo se dirigen a los medios independientes, buscando socavar su credibilidad y manipular la opinión pública.
- Pueden emplear tácticas como desacreditar a los periodistas, restringir el acceso a los medios o promover narrativas alternativas para controlar el panorama de la información.

- Este asalto a la libertad de los medios debilita el papel de los medios como guardianes y limita la disponibilidad de fuentes de información diversas e independientes.

Manipulación de Procesos Electorales

Socavando la integridad electoral

- Los populistas pueden manipular los procesos electorales para consolidar su poder y sofocar la oposición política.
- Pueden involucrarse en manipulaciones electorales, restringir el acceso al registro de votantes o suprimir las actividades de los opositores políticos.
- Tales acciones socavan la integridad de las elecciones y erosionan la confianza pública en la imparcialidad y legitimidad de los procesos democráticos.

Campañas políticas polarizadoras

- Los movimientos populistas a menudo emplean tácticas de división y polarización durante las campañas políticas.
- Pueden depender de la retórica incendiaria, los ataques personales o la amplificación de las divisiones sociales para movilizar el apoyo.
- Estas campañas polarizadoras socavan la capacidad de los ciudadanos para entablar un diálogo constructivo y tomar decisiones informadas basadas en cuestiones sustantivas.

Debilitamiento de la Sociedad Civil y las ONG

Restricción del espacio cívico

- Los líderes populistas pueden imponer regulaciones o restricciones a las organizaciones de la sociedad civil, lo que limita su capacidad para defender los derechos humanos, promover la justicia social y hacer que los gobiernos rindan cuentas.
- Al estrechar el espacio para la sociedad civil, los populistas reducen la diversidad de voces y limitan las vías de participación ciudadana en los procesos democráticos.

Marginación de grupos minoritarios

- El populismo a menudo se dirige a grupos minoritarios, fomentando la discriminación y la marginación.
- Esta marginación debilita la capacidad de estos grupos para participar plenamente en los procesos democráticos, exacerba las divisiones sociales y socava la gobernabilidad democrática inclusiva.

Socavar el estado de derecho y los derechos humanos

Debilitamiento de las protecciones legales

- Los líderes populistas pueden intentar debilitar las protecciones legales, como los derechos constitucionales o las normas internacionales de derechos humanos.
- Pueden proponer o promulgar leyes que restrinjan las libertades civiles, restrinjan la libertad de expresión o se dirijan a grupos específicos en función de su origen étnico, religión u otras características.

- Esta erosión del estado de derecho socava los principios fundamentales de la democracia y pone en peligro la protección de los derechos individuales.

Abuso del poder ejecutivo

- Los líderes populistas pueden concentrar el poder en el poder ejecutivo, eludiendo los controles y equilibrios democráticos.

- Pueden usar poderes de emergencia o decretos ejecutivos para eludir la supervisión legislativa y debilitar la responsabilidad democrática.

Conclusión

Las amenazas a las instituciones democráticas que plantea el populismo son multifacéticas y requieren respuestas sólidas para salvaguardar la integridad de la gobernabilidad democrática. Proteger la independencia del poder judicial, promover la libertad de prensa, garantizar la integridad electoral, empoderar a la sociedad civil y defender el estado de derecho son esenciales para mitigar las amenazas que plantea el populismo y preservar la vitalidad de las instituciones democráticas.

EROSIÓN DE CHEQUES Y SALDOS

La erosión de los frenos y contrapesos es una preocupación importante en el contexto del impacto del populismo en la democracia. Los movimientos populistas a menudo buscan concentrar el poder en manos de sus líderes, socavando los mecanismos esenciales que aseguran la rendición de cuentas y previenen el abuso de poder. Este capítulo explora las diversas formas en que el populismo erosiona los controles y equilibrios dentro de los sistemas democráticos, y las implicaciones para la gobernabilidad democrática.

Socavar la independencia judicial

Ataques a la legitimidad judicial

- Los líderes populistas pueden cuestionar la legitimidad del poder judicial, presentándolo como una herramienta del poder establecido o como separado de los intereses del pueblo.
- Al socavar la confianza pública en el poder judicial, los populistas buscan debilitar su autoridad y obstaculizar su capacidad para actuar como control del poder ejecutivo.

Interferencia con los nombramientos judiciales

- Los líderes populistas pueden intentar ejercer control sobre el poder judicial influyendo en los nombramientos y nominaciones judiciales.
- Esta interferencia puede socavar el proceso de selección basado en el mérito, comprometiendo la independencia e imparcialidad del poder judicial.

Restricción de la libertad de prensa

Ataques a periodistas e instituciones de medios

- Los movimientos populistas a menudo emplean tácticas para desacreditar y socavar la credibilidad de las organizaciones de medios independientes.

- Pueden participar en ataques personales contra periodistas, etiquetar medios críticos como "noticias falsas" o utilizar medidas legales para reprimir la libertad de prensa.

- Estas acciones crean un ambiente de hostilidad hacia las instituciones de los medios y limitan su capacidad para hacer que el poder rinda cuentas.

Manipulación de Información y Desinformación

- Los populistas pueden emplear tácticas de desinformación y desinformación para moldear la opinión pública y controlar la narrativa.

- Pueden difundir información falsa, explotar plataformas de redes sociales o deslegitimar organizaciones de verificación de hechos para manipular la percepción pública.

- Esta manipulación de la información obstaculiza la capacidad del público para tomar decisiones informadas y socava el papel de una prensa libre en las sociedades democráticas.

Debilitamiento de la supervisión legislativa

Consolidación del Poder Ejecutivo

- Los líderes populistas a menudo buscan concentrar el poder en el poder ejecutivo, marginando el papel de la legislatura.
- Pueden eludir el escrutinio legislativo a través de órdenes ejecutivas, poderes de emergencia o haciendo caso omiso de los procedimientos democráticos establecidos.
- Esta consolidación del poder debilita la capacidad de la legislatura para actuar como un control sobre el ejecutivo y compromete la responsabilidad democrática.

Socavar la oposición y la disidencia

- Los movimientos populistas pueden marginar a los partidos de oposición o suprimir las voces disidentes, lo que limita su capacidad para hacer que el gobierno rinda cuentas.
- Pueden utilizar tácticas como la persecución política, las leyes restrictivas o la intimidación para silenciar a las figuras de la oposición y debilitar la supervisión legislativa.

Implicaciones para la gobernabilidad democrática

Concentración de poder

- La erosión de los controles y equilibrios permite a los populistas consolidar el poder, lo que a menudo resulta en un desequilibrio de poder entre las diferentes ramas del gobierno.
- Esta concentración de poder socava el principio democrático de separación de poderes y disminuye la responsabilidad del ejecutivo ante los poderes legislativo y judicial.

Amenaza a las normas y valores democráticos

- La erosión de los frenos y contrapesos debilita los cimientos de la gobernabilidad democrática, erosionando principios como la transparencia, la rendición de cuentas y el estado de derecho.

- Esta erosión amenaza la integridad y eficacia de las instituciones democráticas, comprometiendo el proceso democrático y la protección de los derechos individuales.

Conclusión

La erosión de los frenos y contrapesos por parte del populismo plantea un desafío importante para la gobernabilidad democrática. Proteger la independencia del poder judicial, salvaguardar la libertad de prensa, fortalecer la supervisión legislativa y promover la rendición de cuentas son cruciales para mantener los controles y equilibrios necesarios para un sistema democrático vibrante y resistente. No abordar esta erosión puede tener consecuencias duraderas para la salud y la estabilidad de las instituciones democráticas.

ATAQUE AL ESTADO DE DERECHO

El estado de derecho es un pilar fundamental de la gobernabilidad democrática, que garantiza la igualdad, la equidad y la protección de los derechos individuales. Sin embargo, el populismo a menudo representa una amenaza significativa para el estado de derecho, socavando sus principios e instituciones. Este capítulo explora las formas en que el populismo ataca el estado de derecho y las implicaciones para los sistemas democráticos.

Debilitamiento de las protecciones legales

Manipulación de Marcos Legales

- Los líderes populistas pueden tratar de manipular los marcos legales mediante la introducción de leyes que socavan los principios del estado de derecho.

- Pueden proponer o promulgar leyes que restrinjan las libertades civiles, restrinjan la libertad de expresión o se dirijan a grupos específicos en función de su origen étnico, religión o creencias políticas.

- Esta manipulación debilita las protecciones legales otorgadas a los ciudadanos y socava la imparcialidad del sistema legal.

Politización de la aplicación de la ley

- Los movimientos populistas pueden politizar los organismos encargados de hacer cumplir la ley, utilizándolos como herramientas para atacar a los opositores políticos y sofocar la disidencia.

- Pueden ejercer una influencia indebida en el nombramiento y destitución de los funcionarios encargados de hacer cumplir la ley, comprometiendo su independencia e imparcialidad.

- Esta politización socava la confianza del público en los organismos encargados de hacer cumplir la ley y erosiona el estado de derecho.

Socavar la independencia judicial

Ataques a la autonomía judicial

- Los líderes populistas pueden lanzar ataques sostenidos contra la independencia y autonomía del poder judicial, cuestionando su legitimidad y autoridad.

- Pueden utilizar una retórica que retrata a los jueces como parte de un establecimiento de "élite" o "corrupto", lo que socava la confianza del público en el poder judicial.

- Estos ataques erosionan la separación de poderes y socavan la capacidad del poder judicial para actuar como control del poder ejecutivo.

Interferencia en nombramientos judiciales

- Los líderes populistas pueden intentar ejercer control sobre el poder judicial interfiriendo en los nombramientos y nominaciones judiciales.

- Pueden tratar de llenar las vacantes judiciales con personas que se alineen con su agenda política, comprometiendo la independencia e imparcialidad del poder judicial.

- Esta interferencia socava la integridad del sistema judicial y erosiona la confianza pública en su capacidad para impartir justicia.

Desprecio por el derecho internacional y los derechos humanos

Retiro de Acuerdos Internacionales

- Los líderes populistas pueden adoptar una postura nacionalista o aislacionista, lo que lleva a la retirada de los acuerdos y organizaciones internacionales.

- Este retiro disminuye el compromiso con los estándares internacionales de derechos humanos, debilitando el marco global para defender el estado de derecho.

Objetivo de los derechos de las minorías

- Los movimientos populistas a menudo se dirigen a grupos minoritarios, fomentando la discriminación y la marginación.

- Pueden promulgar políticas que infrinjan los derechos de las minorías, como restringir las libertades religiosas o promover políticas de inmigración excluyentes.

- Este ataque a los derechos de las minorías socava el principio de igualdad ante la ley y erosiona la protección de los derechos individuales.

Implicaciones para la democracia

Erosión de las normas democráticas

- El ataque al estado de derecho socava las normas y valores democráticos que forman la base de la gobernabilidad democrática.

- Erosiona principios como la rendición de cuentas, la transparencia y la protección de los derechos individuales, comprometiendo la integridad y eficacia de las instituciones democráticas.

Concentración de poder

- La erosión del estado de derecho permite a los populistas consolidar el poder, lo que a menudo resulta en la concentración del poder en el poder ejecutivo.

- Esta concentración de poder socava la separación de poderes y disminuye los controles y equilibrios necesarios para la gobernabilidad democrática.

Conclusión

El ataque al estado de derecho por parte del populismo es una grave amenaza para los sistemas democráticos. La defensa de los principios del estado de derecho, la preservación de la independencia judicial y la promoción del cumplimiento de las normas internacionales de derechos humanos son cruciales para defender la democracia contra tales ataques. Salvaguardar el estado de derecho es esencial para garantizar la protección de los derechos individuales, mantener la igualdad y defender los principios fundamentales de la gobernabilidad democrática.

DESAFÍOS A LOS DERECHOS DE LAS MINORÍAS

La protección de los derechos de las minorías es un aspecto vital de la gobernanza democrática, ya que garantiza la inclusión, la igualdad y la cohesión social. Sin embargo, el populismo a menudo plantea desafíos importantes para los derechos de las minorías, ya que los movimientos populistas tienden a apuntar a grupos específicos y promueven ideologías excluyentes. Este capítulo explora los diversos desafíos que presenta el populismo a los derechos de las minorías y las implicaciones para las sociedades democráticas.

Marginación y exclusión

Chivos expiatorios y otredad

- Los movimientos populistas a menudo explotan los agravios sociales al convertir a grupos minoritarios específicos en chivos expiatorios, culpándolos de los problemas sociales y económicos.

- Pueden involucrarse en una retórica que fomente la división y promueva un sentido de "nosotros contra ellos", marginando y estigmatizando a las minorías dentro de la sociedad.

- Esta marginación y exclusión puede conducir a la discriminación, los prejuicios y la erosión de los derechos de las minorías.

Políticas de Inmigración Restrictivas

- Los movimientos populistas abogan con frecuencia por políticas de inmigración restrictivas, dirigidas a inmigrantes y refugiados.

- Pueden exigir el cierre de fronteras, la suspensión de los derechos de asilo o la implementación de medidas migratorias discriminatorias.

- Estas políticas pueden socavar los derechos de los grupos minoritarios que buscan refugio o buscan establecer una vida mejor en sociedades democráticas.

Amenazas a la diversidad Cultural y Religiosa

Políticas asimilacionistas

- Los movimientos populistas pueden abogar por políticas de asimilación que socavan la diversidad cultural y religiosa.

- Pueden promover una identidad nacional dominante y reprimir las expresiones y prácticas culturales de los grupos minoritarios.

- Esto erosiona los derechos de las minorías a preservar y celebrar sus identidades culturales y religiosas únicas.

discriminación religiosa

- Los movimientos populistas pueden apuntar a grupos minoritarios religiosos específicos, fomentando la discriminación y la intolerancia.

- Pueden abogar por políticas que restrinjan la práctica de ciertas religiones, imponer regulaciones discriminatorias o promover el discurso de odio contra las minorías religiosas.

- Esta discriminación socava la libertad religiosa y viola los derechos de las comunidades religiosas minoritarias.

Erosión de las protecciones legales

Debilitamiento de las leyes contra la discriminación

- Los movimientos populistas pueden tratar de debilitar o derogar las leyes contra la discriminación que protegen los derechos de las minorías.

- Pueden argumentar que tales leyes impiden la libertad de expresión o infringen los derechos de la mayoría, socavando las protecciones legales otorgadas a los grupos marginados.

- Esta erosión de las protecciones legales perpetúa la desigualdad y deja a las comunidades minoritarias vulnerables a la discriminación.

Amenazas a la representación de las minorías

- Los movimientos populistas a menudo desafían la representación de las minorías en las instituciones políticas, buscando socavar su influencia y participación.

- Pueden apuntar a programas de acción afirmativa, sistemas electorales diseñados para garantizar la representación de las minorías o tratar de desmantelar instituciones que defienden los derechos de las minorías.

- Estos desafíos limitan la capacidad de las comunidades minoritarias para tener voz en los procesos de toma de decisiones y contribuir a la gobernabilidad democrática.

Implicaciones para las sociedades democráticas

Fragmentación y cohesión social

- Los desafíos a los derechos de las minorías que plantea el populismo pueden conducir a la fragmentación social y la erosión de la cohesión social.

- Al atacar y marginar a los grupos minoritarios, el populismo fomenta la división y erosiona los lazos que mantienen unidas a las diversas sociedades.

- Esta fragmentación socava los cimientos de las sociedades democráticas, dificultando la cooperación y la acción colectiva.

Amenaza a los Derechos Humanos y la Igualdad

- Los desafíos a los derechos de las minorías ponen en peligro los principios fundamentales de los derechos humanos y la igualdad.

- Socavan el compromiso con la igualdad de trato, la no discriminación y la protección de las libertades individuales.

- Esta erosión de los derechos de las minorías amenaza el tejido de las sociedades democráticas y compromete los valores fundamentales sobre los que se construyen.

Conclusión

Los desafíos a los derechos de las minorías que plantea el populismo son una preocupación importante para las sociedades democráticas. Defender los derechos de las minorías es esencial para promover la inclusión, la igualdad y la cohesión social. La protección de los derechos de las minorías requiere un compromiso con las leyes contra la discriminación, la diversidad cultural y los principios de los derechos humanos. Al abordar estos desafíos, las sociedades democráticas pueden garantizar la plena participación y protección de todos los individuos, fomentando una sociedad verdaderamente inclusiva y democrática.

6

POPULISMO Y POLÍTICA ELECTORAL

El populismo ha tenido un impacto significativo en la política electoral, remodelando la dinámica y los resultados de las elecciones democráticas. Este capítulo explora la relación entre el populismo y la política electoral, examinando cómo los movimientos populistas se involucran en el proceso electoral y las implicaciones para los sistemas democráticos.

Movilización populista

Descontento movilizador

- Los movimientos populistas a menudo surgen al capitalizar el descontento y las quejas del público.

- Aprovechan las frustraciones de los ciudadanos que se sienten marginados, abandonados o desilusionados con los principales partidos políticos y las élites.

- Al movilizar este descontento, los populistas atraen apoyo y crean una fuerza política diferenciada.

Retórica y Estrategias de Comunicación

- Los líderes populistas emplean una retórica carismática y mensajes simples y emocionalmente resonantes para conectarse con los votantes.

- A menudo utilizan un lenguaje directo y populista que enfatiza la "voz del pueblo" y se presenta a sí mismos como campeones de la gente común.

- Estas estrategias de comunicación atraen a un amplio electorado y crean un sentido de identificación con el movimiento populista.

Postura anti-establecimiento

Crítica de las élites y el establishment político

- Los movimientos populistas se posicionan como fuerzas antisistema, desafiando el statu quo político.

- Critican a las élites políticas tradicionales, retratándolas como alejadas de las preocupaciones y necesidades de los ciudadanos comunes.

- Esta postura antisistema resuena entre los votantes que perciben una desconexión entre ellos y la élite gobernante.

Promesas de renovación política

- Los movimientos populistas prometen traer una renovación política y restaurar el poder del pueblo.

- A menudo abogan por una democracia más directa, una mayor participación ciudadana en la toma de decisiones y un rechazo a las élites políticas tradicionales.

- Estas promesas de cambio político y empoderamiento atraen el apoyo de quienes buscan romper con los sistemas políticos establecidos.

Éxitos y desafíos electorales

Apelación Electoral

- Los movimientos populistas han demostrado atractivo electoral al atraer un apoyo significativo de los votantes en varios países democráticos.

- A menudo logran movilizar a votantes previamente desconectados o desilusionados y desafiar el dominio de los principales partidos políticos.

- Este éxito electoral refleja la resonancia de los mensajes populistas y la capacidad de los líderes populistas para conectarse con un amplio electorado.

Desafíos de política y gobernanza

- El auge del populismo plantea desafíos para la formulación de políticas y la gobernanza.

- Los líderes populistas pueden enfrentar dificultades para traducir su retórica populista en soluciones políticas efectivas.

- Su énfasis en soluciones simples y arreglos rápidos puede pasar por alto las complejidades de gobernar y abordar los desafíos sistémicos.

Implicaciones para los sistemas democráticos

Impacto en los sistemas de partidos

- Los movimientos populistas a menudo alteran los sistemas de partidos tradicionales, desafiando el dominio de los partidos políticos establecidos.

- Introducen nuevas dinámicas y obligan a los partidos mayoritarios a responder a las demandas y preocupaciones populistas.

- Esto puede conducir a realineamientos y transformaciones dentro de los sistemas de partidos, remodelando el panorama político.

Polarización y Fragmentación

- El impacto del populismo en la política electoral puede contribuir a una mayor polarización y fragmentación dentro de la sociedad.

- Los movimientos populistas a menudo adoptan una retórica divisiva y fomentan una mentalidad de "nosotros contra ellos".

- Esta polarización puede obstaculizar el diálogo político constructivo, comprometer los procesos democráticos y contribuir a las divisiones sociales.

Conclusión

La influencia del populismo en la política electoral es un aspecto significativo de su impacto en la democracia. Al movilizar el descontento, adoptar una postura antisistema y apelar a amplios electorados, los movimientos populistas han remodelado la dinámica electoral y desafiado los sistemas políticos tradicionales. Comprender las implicaciones del populismo en

la política electoral es crucial para preservar los principios democráticos, garantizar la inclusión de los procesos políticos y abordar las quejas subyacentes que alimentan los movimientos populistas. Al examinar el papel del populismo en la política electoral, las sociedades pueden trabajar para fomentar sistemas democráticos saludables que representen las diversas voces de sus ciudadanos.

PARTIDOS Y MOVIMIENTOS POPULISTAS

Los partidos y movimientos populistas han ganado prominencia en los últimos años, desafiando los paisajes políticos tradicionales y dando forma a la dinámica de los sistemas democráticos. Este capítulo explora las características, estrategias e impacto de los partidos y movimientos populistas en la democracia.

Características de los partidos populistas

Orientación Anti-Establecimiento

- Los partidos populistas se posicionan a sí mismos como fuerzas contrarias al sistema y critican a las élites y los partidos políticos mayoritarios.
- Afirman representar la voluntad del pueblo contra un establecimiento político corrupto o desconectado.
- Esta orientación antisistema resuena entre los votantes que se sienten desilusionados o excluidos de los canales políticos tradicionales.

Énfasis en la identidad nacional

- Los partidos populistas a menudo ponen un fuerte énfasis en la identidad nacional y los valores culturales.
- Invocan narrativas de orgullo nacional, soberanía y proteccionismo.
- Este enfoque en la identidad nacional atrae a aquellos que sienten una amenaza a su identidad cultural o nacional.

Movilización y Estrategias Electorales

Movilización de base

- Los partidos y movimientos populistas participan en la movilización de base, conectándose directamente con los ciudadanos.
- Organizan mítines, reuniones públicas y campañas en línea para movilizar a los seguidores y generar entusiasmo.

- Este enfoque de abajo hacia arriba les ayuda a construir una base sólida de apoyo y desafiar a los partidos políticos establecidos.

Retórica simplista y apelaciones emocionales

- Los partidos populistas utilizan una retórica simplista y apelaciones emocionales para resonar entre los votantes.

- Simplifican problemas complejos y ofrecen soluciones sencillas que resuenan con las frustraciones públicas.

- Esta estrategia de comunicación puede ser persuasiva, especialmente entre aquellos que se sienten privados de sus derechos o insatisfechos con la política dominante.

Impacto en los Sistemas Democráticos

Disrupción de los sistemas de partidos

- Los partidos populistas alteran los sistemas de partidos tradicionales al desafiar a los partidos políticos establecidos.

- A menudo atraen a votantes desencantados y remodelan el panorama político.

- Esta interrupción puede conducir a realineamientos, fragmentación y cambios en las dinámicas de poder dentro de los sistemas de partidos.

Polarización y Fragmentación

- Los partidos y movimientos populistas pueden contribuir a una mayor polarización dentro de las sociedades.

- Su retórica divisiva, centrada en narrativas de "nosotros contra ellos", puede polarizar aún más a poblaciones ya divididas.

- Esta polarización obstaculiza el diálogo político constructivo, impide el compromiso y erosiona la cohesión social.

Desafíos de gobernanza y políticas

Inconsistencias de políticas

- Los partidos populistas pueden enfrentar desafíos para traducir su retórica populista en plataformas políticas coherentes.

- Su énfasis en soluciones simples puede pasar por alto las complejidades de la gobernanza y la formulación de políticas.

- Esto puede generar inconsistencias en las políticas, ya que los partidos populistas luchan por implementar sus promesas de manera efectiva.

Erosión de las normas democráticas

- Los partidos y movimientos populistas a veces exhiben tendencias que socavan las normas democráticas.

- Pueden cuestionar la independencia de las instituciones, restringir la libertad de prensa o marginar los derechos de las minorías.

- Esta erosión de las normas democráticas amenaza los cimientos de los sistemas democráticos.

Conclusión

Los partidos y movimientos populistas han reformado el panorama político y han planteado tanto oportunidades como desafíos para los sistemas democráticos. Comprender sus características, estrategias de movilización e impacto es crucial para abordar los agravios subyacentes que alimentan el populismo y preservar los principios de la democracia. Al analizar el papel de los partidos y movimientos populistas, las sociedades pueden navegar las complejidades del cambio político y trabajar hacia sistemas democráticos inclusivos y resilientes.

ÉXITOS Y DESAFÍOS ELECTORALES

Los movimientos populistas han experimentado diversos grados de éxito electoral en diferentes contextos democráticos. Este capítulo examina los factores que contribuyeron a sus victorias electorales y los desafíos que enfrentan una vez en el poder, arrojando luz sobre la compleja relación entre el populismo y los procesos democráticos.

Factores que contribuyen al éxito electoral

Insatisfacción con la política dominante

- Los movimientos populistas a menudo prosperan en un entorno de insatisfacción pública con la política dominante.
- Los ciudadanos que se sienten desconectados, desencantados o marginados por los partidos políticos tradicionales pueden recurrir al populismo como alternativa.
- La desilusión generalizada puede crear un terreno fértil para los mensajes populistas y el apoyo electoral.

Inseguridad económica y dislocación

- Los factores económicos juegan un papel importante en el éxito electoral de los movimientos populistas.
- La globalización, la desigualdad económica y la inseguridad laboral pueden alimentar sentimientos de ansiedad económica y resentimiento.
- Los líderes populistas capitalizan estas preocupaciones y prometen proteger los empleos, restaurar la estabilidad económica y priorizar los intereses de la clase trabajadora.

Política de identidad y contragolpe cultural

- Los movimientos populistas a menudo explotan los agravios basados en la identidad y las ansiedades culturales.
- Aprovechan los sentimientos nacionalistas, enfatizando la protección de la identidad nacional, la cultura y las tradiciones.
- En tiempos de rápido cambio social y creciente diversidad cultural, estos llamados pueden resonar en ciertos segmentos del electorado.

Desafíos para gobernar

Traducir la retórica populista en política

- Los movimientos populistas enfrentan desafíos para traducir su retórica populista en acciones políticas concretas.
- Es posible que sus soluciones simplistas no se alineen con las complejidades de la gobernanza y la formulación de políticas.
- Equilibrar las promesas populistas con la implementación de políticas prácticas y sostenibles puede ser una tarea abrumadora.

Navegando Instituciones Políticas y Controles y Equilibrios

- Los líderes populistas pueden encontrar resistencia de las instituciones políticas y controles y equilibrios establecidos.
- Los sistemas democráticos están diseñados para evitar la concentración de poder y proteger los derechos de las minorías.
- Los movimientos populistas pueden enfrentar obstáculos y retrocesos cuando intentan promulgar su agenda, lo que genera tensiones y conflictos con las normas democráticas.

Gestión de diversos intereses y expectativas

- Los movimientos populistas suelen depender de una amplia coalición de simpatizantes con diversos intereses y expectativas.
- Manejar estos diversos intereses y mantener el apoyo puede ser un desafío, particularmente cuando las promesas populistas chocan o resultan difíciles de cumplir.
- Mantener un frente cohesionado y unido dentro del movimiento populista puede ser crucial para el éxito a largo plazo.

Implicaciones para la democracia

Interrupción de los paisajes políticos

- El éxito electoral de los movimientos populistas puede perturbar los paisajes políticos tradicionales.
- Desafían a los partidos políticos establecidos y reconfiguran la dinámica de los sistemas de partidos.
- Esta interrupción puede conducir a realineamientos políticos, fragmentación y el surgimiento de nuevas fuerzas políticas.

Impacto en las normas e instituciones democráticas

- Los movimientos populistas en el poder pueden tener implicaciones para las normas e instituciones democráticas.
- Su estilo de gobierno y sus decisiones políticas pueden socavar los principios democráticos, como la independencia del poder judicial, la libertad de prensa y el respeto por los derechos de las minorías.
- Salvaguardar las instituciones y normas democráticas se vuelve crucial frente a los desafíos populistas.

Conclusión

El éxito electoral de los movimientos populistas es un reflejo de la dinámica social y la insatisfacción con la política dominante. Sin embargo, gobernar y cumplir las promesas populistas presenta desafíos importantes. Navegar por los controles y equilibrios institucionales, gestionar diversos intereses y defender las normas democráticas requiere una cuidadosa consideración. Al comprender las complejidades del éxito electoral populista y los desafíos que enfrentan, las sociedades democráticas pueden navegar esta dinámica y preservar la integridad de sus sistemas democráticos.

IMPACTO EN LOS PARTIDOS POLÍTICOS TRADICIONALES

Los movimientos populistas han tenido un impacto significativo en los partidos políticos tradicionales, desafiando su dominio y remodelando el panorama político. Este capítulo explora cómo el populismo afecta a los partidos tradicionales, sus estrategias y las implicaciones para la política democrática.

Erosión del apoyo de los partidos mayoritarios

Desilusión de los votantes

- Los movimientos populistas capitalizan la desilusión de los votantes con los principales partidos políticos.

- Se presentan a sí mismos como alternativas, prometiendo abordar las preocupaciones y quejas desatendidas por los partidos establecidos.

- Esto conduce a una disminución del apoyo a los partidos tradicionales, ya que los votantes buscan cambios y nuevas opciones políticas.

Pérdida de la confianza de los votantes

- La retórica populista a menudo retrata a los partidos tradicionales como parte de un establecimiento político corrupto o desconectado.

- Esto erosiona la confianza de los votantes en los partidos establecidos, a quienes se percibe como desconectados de las necesidades y aspiraciones de la gente.

- Los partidos tradicionales enfrentan desafíos para reconstruir la confianza y reconectarse con su base.

Agendas políticas cambiantes

Cambios de política y adaptación

- Los movimientos populistas a menudo traen nuevos temas de política al frente del discurso político.

- Los partidos tradicionales pueden ajustar sus agendas políticas en respuesta a los desafíos populistas.

- Pueden adoptar ciertas posiciones o retórica populistas para recuperar el apoyo de los votantes y seguir siendo relevantes.

Emitir propiedad y políticas de identidad

- Los movimientos populistas pueden apropiarse de cuestiones políticas específicas o preocupaciones basadas en la identidad.

- Los partidos tradicionales pueden tener dificultades para competir en estas áreas, ya que los partidos populistas se establecen como las principales voces en esos temas.

- Esto puede conducir a una fragmentación de los debates políticos y una reconfiguración de las identidades de los partidos.

Estrategia y respuesta del partido

Cooptación e Integración

- Algunos partidos tradicionales optan por cooptar o integrar elementos del populismo en sus estrategias.

- Pueden adoptar un lenguaje populista, posiciones políticas o incluso formar alianzas con movimientos populistas.

- Esta estrategia tiene como objetivo atraer votantes populistas y neutralizar la amenaza que representan los movimientos populistas.

-

Diferenciación y contramovilización

- Otros partidos tradicionales pueden optar por diferenciarse del populismo y contramovilizarse contra él.

- Enfatizan su compromiso con los valores democráticos, la inclusión y la elaboración de políticas basadas en evidencia.

- Esta estrategia busca trazar una distinción clara entre los partidos tradicionales y los movimientos populistas.

Implicaciones para la política democrática

Fragmentación del sistema de partidos

- El auge del populismo puede conducir a la fragmentación del sistema de partidos y al surgimiento de nuevas fuerzas políticas.

- El dominio tradicional de los partidos puede verse desafiado, lo que resulta en un panorama de partidos más diverso y fragmentado.

- Esta fragmentación puede enriquecer el debate democrático y complicar la gobernanza y la formación de coaliciones.

-

Renovación o decadencia de los partidos tradicionales

- Los desafíos populistas pueden estimular la renovación o contribuir al declive de los partidos tradicionales.

- Los partidos que se adaptan con éxito y se reconectan con los votantes pueden rejuvenecerse y recuperar la confianza del público.

- Por el contrario, las partes que no respondan de manera efectiva pueden enfrentar un declive continuo y la irrelevancia.

Conclusión

El impacto del populismo en los partidos políticos tradicionales es profundo y conduce a la desilusión de los votantes, cambios de política y adaptaciones estratégicas. La respuesta de los partidos tradicionales a los desafíos populistas determina su trayectoria futura en la política democrática. Al comprender la dinámica entre el populismo y los partidos tradicionales, las sociedades pueden navegar por los cambios políticos y fomentar sistemas democráticos resilientes e inclusivos.

7

ESTUDIOS DE CASOS GLOBALES

Examinar estudios de casos de diferentes países proporciona información valiosa sobre las diversas manifestaciones e impactos del populismo en la democracia. Este capítulo explora estudios de casos globales notables, destacando la dinámica y las consecuencias únicas del populismo en diferentes contextos.

Estudio de caso: Estados Unidos: la era Trump

Ascenso de Donald Trump

- La elección de Donald Trump como el 45° presidente de los Estados Unidos marcó una importante ola populista.

- La campaña de Trump aprovechó el sentimiento antisistema, las quejas económicas y la retórica nacionalista.

- Su presidencia se caracterizó por una retórica divisiva, ataques a las instituciones democráticas y un enfoque en la inmigración y el comercio.

Impacto en la democracia

- La era Trump destacó los peligros potenciales del populismo para las normas e instituciones democráticas.

- La extralimitación del ejecutivo, la polarización y los ataques a los medios generaron preocupaciones sobre la erosión de los principios democráticos.

- La presidencia de Trump expuso las divisiones dentro de la sociedad estadounidense y provocó debates sobre el futuro de la democracia.

Estudio de caso: Hungría - Partido Fidesz de Viktor Orbán

Viktor Orbán y Fidesz

- Viktor Orbán y su partido Fidesz han estado al frente de la política populista en Hungría.

- El ascenso al poder de Fidesz fue impulsado por el sentimiento antisistema y un enfoque en la identidad y soberanía nacional.

- El gobierno de Orbán implementó políticas controvertidas, incluidas restricciones a la libertad de prensa y cambios en el poder judicial.

Impacto en la democracia

- El mandato de Orbán planteó preocupaciones sobre la erosión de las instituciones democráticas y los controles y equilibrios en Hungría.

- La concentración de poder, los ataques a la sociedad civil y las restricciones a la libertad académica generaron críticas internacionales.

- El caso de Hungría sirve como ejemplo de advertencia de cómo el populismo puede socavar las normas e instituciones democráticas.

Estudio de caso: Brasil - Jair Bolsonaro y el ascenso de la extrema derecha

El llamado populista de Jair Bolsonaro

- El ascenso al poder de Jair Bolsonaro en Brasil representó el ascenso del populismo de extrema derecha.

- La campaña de Bolsonaro se centró en la ley y el orden, el nacionalismo económico y los valores sociales conservadores.

- Su elección como presidente reflejó profundas divisiones dentro de la sociedad brasileña y un deseo de cambio.

Impacto en la democracia

- La presidencia de Bolsonaro ha estado marcada por políticas controvertidas, incluida la desregulación ambiental y ataques a los derechos humanos.

- Se han planteado preocupaciones sobre la reducción del espacio para la disidencia, la polarización y la erosión de los valores democráticos.

- El caso brasileño ilustra las posibles consecuencias del liderazgo populista en la gobernabilidad democrática.

Estudio de caso: India: Narendra Modi y el Partido Bharatiya Janata (BJP)

El ascenso de Narendra Modi y el BJP

- Narendra Modi y el Partido Bharatiya Janata (BJP) han remodelado la política india con una marca de nacionalismo populista.

- La campaña de Modi enfatizó el desarrollo económico, la lucha contra la corrupción y el nacionalismo hindú.

- Los éxitos electorales del BJP lo han impulsado al poder a nivel nacional y en varios estados.

Impacto en la democracia

- El mandato de Modi se ha caracterizado por cambios de política, incluidas reformas económicas e iniciativas ciudadanas controvertidas.

- Se han expresado preocupaciones sobre la polarización religiosa, las amenazas a los derechos de las minorías y la reducción del espacio para la disidencia.

- El caso indio ilustra la compleja interacción entre populismo, nacionalismo y gobernabilidad democrática.

Conclusión

Examinar estudios de casos globales nos permite comprender los diversos impactos del populismo en los sistemas democráticos. Los unidos

Unidos, Hungría, Brasil e India sirven como ejemplos convincentes de los desafíos y las consecuencias que plantea el populismo en diferentes contextos. Al analizar estos estudios de casos, obtenemos una comprensión más profunda de las complejidades que rodean la influencia del populismo en la democracia y el imperativo de salvaguardar las instituciones y los valores democráticos.

POPULISMO EN EUROPA

Europa ha sido testigo de un surgimiento de movimientos populistas que han tenido un profundo impacto en el panorama político de la región. Este capítulo explora el auge del populismo en Europa, sus causas, manifestaciones y consecuencias para la gobernabilidad democrática.

Movimientos populistas en Europa

Dispersión Geográfica

- Han surgido movimientos populistas en varios países europeos, con diversos grados de éxito.
- Los ejemplos incluyen el Frente Nacional en Francia, Alternativa para Alemania (AfD), Movimiento Cinco Estrellas en Italia y Vox en España.
- Los partidos populistas a menudo aprovechan el sentimiento antisistema, el euroescepticismo y las preocupaciones sobre la inmigración.

Diversidad ideológica

- Los movimientos populistas en Europa exhiben diversidad ideológica, que abarca tanto variantes de derecha como de izquierda.
- El populismo de derecha a menudo enfatiza el nacionalismo, la antiinmigración y la ley y el orden.
- El populismo de izquierda tiende a centrarse en la desigualdad económica, la justicia social y la oposición a las políticas neoliberales.

Causas del ascenso populista en Europa

Factores económicos

- Los desafíos económicos, incluidas las medidas de austeridad y la inseguridad laboral, han alimentado el descontento y el sentimiento populista.
- La distribución desigual de la riqueza y la creciente desigualdad han contribuido al atractivo de los mensajes populistas.

Inquietudes sobre migración e identidad

- La afluencia de refugiados y la percepción de amenazas culturales han proporcionado un terreno fértil para las narrativas populistas.
- Los partidos populistas explotan las ansiedades sobre la identidad nacional, la preservación cultural y el impacto de la globalización.

Integración en la UE y euroescepticismo

- El euroescepticismo ha sido un factor importante en el auge del populismo en Europa.
- La oposición a la integración de la Unión Europea, la pérdida percibida de soberanía nacional y el descontento con las políticas de la UE han resonado con mensajes populistas.

Impacto en la Gobernabilidad Democrática

Polarización y Fragmentación

- Los movimientos populistas han contribuido a una mayor polarización y fragmentación dentro de los sistemas políticos europeos.
- Los partidos tradicionales han luchado por mantener su dominio y la formación de coaliciones se ha vuelto más compleja.

Erosión de la confianza en las instituciones

- La retórica populista a menudo se dirige a instituciones establecidas, incluidos los medios de comunicación, el poder judicial y las organizaciones internacionales.
- Esto erosiona la confianza pública en las instituciones democráticas y socava los controles y equilibrios esenciales para la democracia.

Cambios de política y debates políticos

- Los movimientos populistas han influido en los debates políticos, empujando a los principales partidos a abordar las preocupaciones populistas.
- Temas como la inmigración, el nacionalismo y la integración en la UE han cobrado protagonismo, remodelando la agenda política.

Respuestas al populismo

Confrontación y Marginación

- Algunos actores y partidos políticos han adoptado un enfoque de confrontación, buscando marginar a los movimientos populistas.
- Esto implica desafiar la retórica populista, exponer las inconsistencias y defender las normas y valores democráticos.

Compromiso y Adaptación de Políticas

- Otros actores eligen involucrarse con movimientos populistas, abordando sus preocupaciones y adoptando algunas de sus posiciones políticas.
- Esta estrategia tiene como objetivo atraer a los votantes desencantados y contrarrestar el atractivo del populismo.

Conclusión

El auge del populismo en Europa ha reformado el panorama político, desafiando a los partidos tradicionales y las normas democráticas. Los factores económicos, las preocupaciones sobre la migración y el euroescepticismo han alimentado la oleada populista. Las consecuencias del populismo en Europa incluyen polarización, erosión de la confianza en las instituciones y cambios en los debates políticos. Las respuestas efectivas requieren un equilibrio entre confrontar las narrativas populistas y comprometerse con las preocupaciones de los partidarios populistas. Comprender las complejidades del populismo en Europa es crucial para salvaguardar la democracia y mantener la estabilidad política en la región.

MOVIMIENTOS POPULISTAS EN LAS AMÉRICAS

Las Américas han experimentado un aumento significativo en los movimientos populistas que han remodelado el panorama político de la región. Este capítulo explora el surgimiento, las características y el impacto de los movimientos populistas en las Américas, centrándose en ejemplos notables de América del Norte, Central y del Sur.

Movimientos populistas en América del Norte

Estados Unidos - El fenómeno Trump

- La elección de Donald Trump como el 45º presidente de los Estados Unidos marcó una ola populista.
- La campaña de Trump aprovechó el sentimiento antisistema, las quejas económicas y la retórica nacionalista.
- Su presidencia destacó el impacto del populismo en las normas e instituciones democráticas en un país muy influyente.

Canadá - El auge de los movimientos populistas

- Si bien Canadá no ha visto un movimiento populista significativo a nivel nacional, ha habido algunos casos regionales.
- Los ejemplos incluyen el surgimiento del Partido Popular de Canadá (PPC) y ciertos movimientos provinciales.
- Estos movimientos se han centrado en los sentimientos contra la inmigración, las preocupaciones económicas y las críticas a las élites políticas.

Movimientos populistas en Centroamérica

México - El ascenso de Andrés Manuel López Obrador (AMLO)

- La carrera política de Andrés Manuel López Obrador ejemplifica el populismo de izquierda en México.

- Las victorias electorales de AMLO en 2018 y 2021 fueron impulsadas por promesas de combatir la corrupción, reducir la desigualdad y priorizar a los pobres.

- Su presidencia ha traído cambios significativos en las políticas y un enfoque renovado en temas de justicia social.

Otros países centroamericanos

- Los movimientos populistas también han ganado impulso en otros países centroamericanos, como Guatemala, Honduras y El Salvador.

- Estos movimientos a menudo surgen en respuesta a las desigualdades sociales y económicas, la corrupción y la desilusión pública con las élites políticas tradicionales.

Movimientos populistas en América del Sur

Venezuela - La Revolución Bolivariana y Hugo Chávez

- La presidencia de Hugo Chávez y la Revolución Bolivariana en Venezuela representan un caso destacado de populismo de izquierda.

- Chávez utilizó la retórica populista para defender los programas de bienestar social, nacionalizar industrias y desafiar el orden político establecido.

- Las secuelas del mandato de Chávez han visto una crisis política y económica cada vez más profunda en el país.

Argentina - La Era Kirchner

- Las presidencias de Néstor Kirchner y Cristina Fernández de Kirchner en Argentina ejemplifican el populismo de izquierda.

- Los Kirchner implementaron políticas destinadas a reducir la desigualdad, ampliar los programas sociales y afirmar la soberanía nacional.

- Su tiempo en el poder estuvo marcado por medidas económicas controvertidas y políticas polarizadoras.

Brasil - Jair Bolsonaro y el ascenso de la extrema derecha

- La presidencia de Jair Bolsonaro representa el ascenso del populismo de extrema derecha en Brasil.

- La campaña de Bolsonaro se centró en la ley y el orden, el nacionalismo económico y los valores sociales conservadores.

- Su presidencia ha tenido implicaciones significativas para la gobernabilidad democrática, las políticas ambientales y los problemas sociales.

Conclusión

Los movimientos populistas han ganado una fuerza significativa en las Américas, impactando la gobernabilidad democrática y la dinámica política. El auge del populismo en los Estados Unidos, México, Venezuela, Argentina y Brasil muestra diversas orientaciones ideológicas y agendas políticas. Estos movimientos han traído tanto oportunidades como desafíos, con implicaciones para las instituciones democráticas, las políticas sociales y la estabilidad política. Comprender la dinámica de los movimientos populistas en las Américas es crucial para evaluar su impacto a largo plazo en

INFLUENCIAS POPULISTAS EN ASIA Y ÁFRICA

Los movimientos populistas no se han limitado únicamente a América y Europa; también han hecho sentir su presencia en Asia y África. Este capítulo explora el surgimiento del populismo en estos continentes, sus características únicas y el impacto que ha tenido en la gobernabilidad democrática.

Movimientos populistas en Asia

India - El Partido Bharatiya Janata (BJP)

- El BJP, dirigido por el primer ministro Narendra Modi, ha ganado prominencia como partido populista de derecha.
- El énfasis del partido en el nacionalismo hindú, el sentimiento anti musulmán y las promesas de desarrollo económico han resonado entre muchos votantes.
- El ascenso del BJP ha suscitado preocupaciones sobre las tensiones religiosas y la erosión del secularismo en India.

Filipinas - Rodrigo Duterte y el autoritarismo populista

- La presidencia de Rodrigo Duterte en Filipinas representa una forma única de liderazgo populista caracterizada por tácticas de hombre fuerte.
- La retórica antisistema de Duterte, el enfoque de la ley y el orden y las políticas controvertidas han atraído a muchos filipinos desilusionados.
- Su presidencia ha planteado preocupaciones sobre los abusos de los derechos humanos y la erosión de las instituciones democráticas.

Movimientos populistas en África

Sudáfrica - Los Combatientes por la Libertad Económica (EFF)

- El EFF, dirigido por Julius Malema, es un destacado partido populista de izquierda en Sudáfrica.

- El partido defiende temas de desigualdad económica, redistribución de la tierra y los derechos de las comunidades marginadas.

- El ascenso de la EFF ha desafiado el dominio del Congreso Nacional Africano (ANC) y las estructuras de los partidos tradicionales.

Tanzania - John Magufuli y la gobernanza populista

- El expresidente de Tanzania, John Magufuli, ejemplificó un estilo de liderazgo populista marcado por el poder centralizado y la retórica anticorrupción.

- La presidencia de Magufuli se caracterizó por políticas controvertidas, restricciones a los medios y limitaciones a la oposición política.

- Su gobierno populista generó preocupaciones sobre el retroceso democrático y la erosión de las libertades civiles.

Impacto en la Gobernabilidad Democrática

Amenazas al pluralismo y los derechos de las minorías

- Los movimientos populistas en Asia y África a menudo se han dirigido a las comunidades minoritarias, lo que ha llevado a la discriminación y la exclusión.

- Estos movimientos pueden desafiar los principios de pluralismo, laicismo y respeto por la diversidad que son esenciales para la gobernabilidad democrática.

Erosión de las instituciones y controles del poder

- Se sabe que los líderes populistas de Asia y África socavan las instituciones democráticas y concentran el poder en el poder ejecutivo.

- Esta erosión de los frenos y contrapesos puede conducir a la consolidación del poder y al debilitamiento de la gobernabilidad democrática.

Implicaciones socioeconómicas

- Los movimientos populistas en Asia y África a menudo se centran en cuestiones socioeconómicas y prometen abordar la desigualdad y mejorar los niveles de vida.

- Sin embargo, la efectividad de las políticas populistas para lograr un desarrollo económico sostenible y bienestar social es un tema de debate.

Conclusión

El auge del populismo en Asia y África ha remodelado el panorama político, con líderes y partidos ganando terreno aprovechando los sentimientos nacionalistas, los agravios económicos y la retórica antisistema. Las influencias populistas en India, Filipinas, Sudáfrica y Tanzania han tenido implicaciones significativas para la gobernabilidad democrática, los derechos de las minorías y la estabilidad institucional. Comprender la dinámica del populismo en Asia y África es esencial para navegar los desafíos y oportunidades que presenta para el futuro de la democracia en estas regiones.

8

IMPLICACIONES ECONÓMICAS DEL POPULISMO

Los movimientos populistas a menudo han centrado sus plataformas en agravios económicos y promesas de abordar las desigualdades socioeconómicas. Este capítulo profundiza en las implicaciones económicas del populismo, explorando las políticas, los desafíos y las consecuencias de los enfoques populistas de la gobernanza económica.

Políticas económicas populistas

Proteccionismo y Políticas Comerciales

- Los líderes populistas a menudo abogan por políticas comerciales proteccionistas para salvaguardar las industrias y los trabajadores nacionales.

- Esto puede implicar la imposición de aranceles, barreras comerciales y favorecer la producción nacional sobre el comercio internacional.

- Si bien las políticas proteccionistas pueden brindar beneficios a corto plazo a industrias específicas, pueden conducir a una reducción de la eficiencia, precios al consumidor más altos y tensiones comerciales.

Programas de Redistribución del Ingreso y Previsión Social

- Los movimientos populistas frecuentemente resaltan la desigualdad de ingresos y prometen abordarla a través de medidas de redistribución.

- Estas políticas pueden implicar impuestos progresivos, redistribución de la riqueza y programas de bienestar social en expansión.

- Si bien tales medidas tienen como objetivo abordar las disparidades socioeconómicas, su implementación puede ejercer presión sobre las finanzas públicas y generar preocupaciones sobre la sostenibilidad a largo plazo.

-

Desafíos de las políticas económicas populistas

Incertidumbre económica y confianza de los inversores

- Las políticas populistas que se desvían de la ortodoxia económica convencional pueden crear incertidumbre entre los inversores y las empresas.

- Esto puede conducir a una reducción de la inversión extranjera directa, la fuga de capitales y la volatilidad económica.

- Mantener un delicado equilibrio entre las medidas populistas y mantener la confianza de los inversores se convierte en un desafío para los gobiernos populistas.

Presiones presupuestarias y deuda pública

- La expansión de los programas de bienestar social y las iniciativas de redistribución de ingresos puede ejercer presión sobre las finanzas públicas y conducir a mayores déficits presupuestarios.

- Esto puede dar lugar a un aumento de la deuda pública que, si no se gestiona de forma eficaz, puede tener consecuencias económicas a largo plazo.

- Equilibrar las promesas populistas con la responsabilidad fiscal se convierte en un desafío crucial para los formuladores de políticas.

Consecuencias y compensaciones

Impacto en el crecimiento económico

- El impacto económico de las políticas populistas puede variar según su implementación y las condiciones económicas más amplias.

- Si bien algunas medidas populistas pueden estimular la demanda y el consumo internos, otras pueden obstaculizar la competitividad y frenar el crecimiento económico.

- Evaluar el impacto general de las políticas económicas populistas requiere un análisis cuidadoso de sus ganancias a corto plazo y su sostenibilidad a largo plazo.

Inflación y Estabilidad de la Moneda

- Las políticas populistas, en particular las centradas en proteger las industrias nacionales y controlar las importaciones, pueden generar presiones inflacionarias.

- Esto puede erosionar el poder adquisitivo de la población y crear desafíos para mantener la estabilidad de la moneda.

- Lograr un equilibrio entre el proteccionismo económico y el mantenimiento de la estabilidad de precios se convierte en una consideración clave.

Conclusión

Las políticas económicas populistas a menudo tienen como objetivo abordar las desigualdades socioeconómicas y proteger las industrias nacionales. Sin embargo, la implementación de tales políticas puede presentar desafíos en términos de incertidumbre económica, presiones presupuestarias y compensaciones entre ganancias a corto plazo y sostenibilidad a largo plazo. Evaluar las implicaciones económicas del populismo requiere una comprensión matizada de su impacto en el crecimiento económico, la confianza de los inversores, la inflación y las finanzas públicas. Las consecuencias económicas del populismo deben considerarse cuidadosamente para garantizar que las políticas logren un equilibrio entre abordar las disparidades socioeconómicas y mantener un entorno económico estable y sostenible.

POLÍTICAS ECONÓMICAS POPULISTAS

Los movimientos populistas a menudo prometen políticas económicas que buscan redistribuir la riqueza y priorizar las necesidades de los ciudadanos comunes sobre las de la élite adinerada. Estas políticas a menudo incluyen promesas de aumentar el gasto público en programas sociales como salud, educación y vivienda, así como promesas de crear empleos y proteger los derechos de los trabajadores.

Si bien estas políticas pueden sonar atractivas para muchos, a menudo se presta poca atención a las consecuencias económicas a largo plazo de tales políticas. Las políticas económicas populistas pueden conducir a un aumento del gasto y la deuda del gobierno, inflación y disminución del crecimiento económico.

Una política económica populista común es el proteccionismo, que consiste en imponer aranceles a los bienes importados para proteger las industrias y los empleos nacionales. El proteccionismo puede ser popular entre los votantes que sienten que el comercio global ha provocado la pérdida de empleos y la desigualdad económica. Sin embargo, las políticas proteccionistas pueden generar aranceles de represalia de otros países, disminuir las exportaciones y el crecimiento económico y aumentar los precios al consumidor.

Otra política popular es la implementación de controles de precios en bienes y servicios básicos. Los líderes populistas a menudo argumentan que tales controles protegerán a los consumidores del aumento de los precios y la inflación. Sin embargo, los controles de precios pueden provocar escasez de bienes y servicios, disminución de la inversión en las industrias afectadas y disminución del crecimiento económico.

Los líderes populistas también pueden abogar por un mayor control gubernamental sobre industrias clave como la energía, la banca y las telecomunicaciones. Esto puede conducir a una disminución de la competencia, una disminución de la inversión y un aumento de la burocracia, lo que en última instancia obstaculiza el crecimiento económico.

Las políticas económicas populistas también pueden conducir a un aumento del gasto público en programas sociales, incluidos la atención médica, la educación y la vivienda. Si bien estos programas pueden brindar importantes beneficios a los ciudadanos, el aumento del gasto público puede generar un aumento de la deuda y del déficit presupuestario. Esto puede conducir a impuestos más altos, disminución de la inversión y disminución del crecimiento económico a largo plazo.

Además, las políticas económicas populistas a menudo pasan por alto la importancia de la estabilidad económica y la política monetaria sólida. Los líderes populistas pueden prometer aumentar el gasto público y reducir las tasas de interés para impulsar el crecimiento económico, pero estas políticas pueden provocar inflación y una menor estabilidad económica a largo plazo.

En conclusión, si bien las políticas económicas populistas pueden ser populares entre muchos ciudadanos, pueden tener consecuencias económicas negativas a largo plazo. Es importante considerar los costos y beneficios potenciales de tales políticas antes de implementarlas, y priorizar políticas económicas sólidas que promuevan el crecimiento económico y la estabilidad a largo plazo.

ENFOQUES POPULISTAS DEL COMERCIO Y LA GLOBALIZACIÓN

Los movimientos populistas a menudo se presentan como defensores de los intereses nacionales y dan prioridad a las necesidades de sus ciudadanos por encima de las consideraciones globales. Este capítulo explora los enfoques populistas del comercio y la globalización, examinando su impacto en las economías, las relaciones internacionales y las instituciones democráticas.

Proteccionismo y barreras comerciales

Retórica del nacionalismo económico

- Los líderes populistas utilizan con frecuencia una retórica que enfatiza la soberanía nacional, la independencia económica y la protección de las industrias nacionales.
- Abogan por políticas comerciales que prioricen la producción nacional, protejan los empleos y reduzcan la dependencia de bienes y servicios extranjeros.

Aranceles y Barreras Comerciales

- Los gobiernos populistas pueden imponer aranceles y barreras comerciales para proteger a las industrias nacionales de la competencia internacional.
- Estas medidas tienen como objetivo proteger los empleos y las industrias nacionales, pero pueden conducir a precios más altos para el consumidor, opciones reducidas para los consumidores y disputas comerciales con otros países.

Renegociación de acuerdos comerciales

Crítica de los acuerdos comerciales existentes

- Los movimientos populistas a menudo critican los acuerdos comerciales existentes como perjudiciales para los intereses nacionales, argumentando que dan prioridad a las corporaciones multinacionales sobre los trabajadores y las industrias locales.
- Abogan por renegociar o incluso retirarse de los acuerdos comerciales para asegurar mejores términos para sus países.

Bilateralismo versus multilateralismo

- Los líderes populistas pueden favorecer los acuerdos comerciales bilaterales sobre los acuerdos multilaterales, ya que los perciben como más beneficiosos para los intereses de sus países.
- Priorizan las negociaciones directas, buscando asegurar concesiones específicas y acuerdos a la medida de sus prioridades nacionales.

Impacto en las cadenas de suministro globales

Remodelación de las cadenas de suministro globales

- Los enfoques populistas del comercio y la globalización pueden alterar las cadenas de suministro mundiales a medida que los países reevalúan sus relaciones económicas y priorizan la producción nacional.
- Esto puede dar lugar a cambios en las estrategias de fabricación y abastecimiento, lo que afectará tanto a las empresas nacionales como a las internacionales.

Interdependencia Económica y Riesgos

- Los movimientos populistas pueden restar importancia a los beneficios de la interdependencia económica y abogar por una mayor autosuficiencia.

- Sin embargo, las economías interconectadas dependen de la cooperación internacional y las medidas excesivamente proteccionistas pueden tener consecuencias no deseadas, como la reducción del acceso a los mercados extranjeros y el aumento de los riesgos económicos.

Implicaciones para las instituciones democráticas

Rendición de cuentas democrática y toma de decisiones

- Los enfoques populistas del comercio y la globalización pueden plantear dudas sobre los procesos democráticos de toma de decisiones.

- Algunos argumentan que las negociaciones comerciales complejas deberían involucrar a expertos y tecnócratas en lugar de depender únicamente de la retórica populista.

Equilibrio de los intereses nacionales y la cooperación mundial

- El desafío radica en lograr un equilibrio entre proteger los intereses nacionales y participar en una cooperación internacional mutuamente beneficiosa.

- Es posible que los movimientos populistas deban navegar por complejas relaciones internacionales al tiempo que garantizan la responsabilidad democrática y la transparencia.

Los movimientos populistas a menudo se han mostrado escépticos sobre el libre comercio y la globalización, viéndolos como una amenaza para la soberanía nacional, el empleo y el bienestar de sus ciudadanos. Los líderes populistas argumentan que estos acuerdos son negociados por élites, fuera de la vista del público y con poca consideración por los intereses de la gente común. Como resultado, abogan por políticas que prioricen el interés nacional sobre la cooperación e integración global.

Uno de los ejemplos más notables de este enfoque es la elección de Donald Trump como presidente de los Estados Unidos en 2016. Trump fue elegido en parte debido a su promesa de renegociar el Tratado de Libre Comercio de América del Norte (TLCAN) y retirarse del Trans. -Asociación del Pacífico (TPP). Trump argumentó que estos acuerdos eran malos para los trabajadores y las empresas estadounidenses y que Estados Unidos no estaba recibiendo un trato justo en sus relaciones comerciales con otros países.

En Europa, los partidos populistas también han sido críticos con la Unión Europea y sus políticas comerciales. Muchos han acusado a la UE de ser antidemocrática, irresponsable y controlada por tecnócratas que no están al tanto de las necesidades de los ciudadanos comunes. Como resultado, han abogado por políticas comerciales más proteccionistas que prioricen los intereses de las economías nacionales sobre los de la región en general.

En Asia, países como China han adoptado un enfoque populista del comercio y la globalización. El presidente chino, Xi Jinping, ha abogado por una política exterior más asertiva que enfatice los intereses nacionales de China por encima de la cooperación global. Este enfoque ha llevado al desarrollo de iniciativas como la Iniciativa de la Franja y la Ruta (BRI), que busca promover los intereses económicos de China en otros países a través del desarrollo de infraestructura y la inversión.

Los enfoques populistas del comercio y la globalización a menudo implican un enfoque en la protección de las industrias nacionales y la creación de puestos de trabajo para los ciudadanos. Esto puede tomar la forma de aranceles, subsidios y otras formas de proteccionismo. Si bien estas políticas pueden brindar beneficios a corto plazo para ciertas industrias y trabajadores, también pueden tener efectos negativos a largo plazo sobre el crecimiento económico y la estabilidad global.

Los críticos de los enfoques populistas del comercio y la globalización argumentan que ignoran la interconexión de la economía global y los beneficios que se derivan de la cooperación internacional. Argumentan que las políticas proteccionistas pueden conducir a guerras comerciales y aislamiento económico, reduciendo el crecimiento económico y dificultando que los países aborden desafíos globales compartidos, como el cambio climático y las pandemias.

En conclusión, los movimientos populistas de todo el mundo a menudo han criticado el libre comercio y la globalización, viéndolos como una amenaza para la soberanía nacional y el bienestar de los ciudadanos comunes. Los líderes populistas abogan por políticas que prioricen el interés nacional sobre la cooperación global, a menudo a través de políticas comerciales proteccionistas. Si bien estas políticas pueden brindar beneficios a corto plazo, pueden tener efectos negativos a largo plazo sobre el crecimiento económico y la estabilidad mundial.

IMPACTO EN NEGOCIOS Y MERCADOS

Los movimientos populistas y sus políticas tienen importantes implicaciones para las empresas y los mercados financieros. El auge del populismo a menudo provoca cambios en las políticas económicas, los marcos normativos y la dinámica del mercado, que pueden tener consecuencias tanto positivas como negativas para las empresas, los inversores y la economía en general. Este capítulo explora el impacto del populismo en los negocios y los mercados, destacando áreas clave de preocupación y oportunidades potenciales.

Incertidumbre y confianza de los inversores

Los movimientos populistas y su retórica antisistema suelen crear un entorno de incertidumbre que puede erosionar la confianza de los inversores. Las propuestas de políticas impredecibles y las posibles perturbaciones de las estructuras económicas establecidas pueden provocar una mayor volatilidad del mercado y una reducción de los flujos de inversión. Las empresas pueden enfrentar desafíos en la planificación y la toma de decisiones de inversión a largo plazo, lo que afecta el crecimiento económico y la estabilidad.

Políticas comerciales proteccionistas

Los líderes populistas suelen abogar por políticas comerciales proteccionistas, como la imposición de aranceles o la renegociación de acuerdos comerciales. Si bien estas políticas tienen como objetivo proteger las industrias y los empleos nacionales, pueden dar lugar a medidas de represalia de otros países, conflictos comerciales e interrupciones en las cadenas de suministro mundiales. Las empresas que dependen en gran medida del comercio internacional pueden enfrentar mayores costos, menor acceso al mercado y menor competitividad.

Cambios regulatorios y cumplimiento

Los movimientos populistas pueden presionar por cambios regulatorios, particularmente en sectores que se percibe que benefician a la élite o que descuidan los intereses de los ciudadanos comunes. Esto puede implicar un mayor escrutinio, regulaciones más estrictas o incluso la nacionalización de ciertas industrias. Es posible que las empresas deban adaptarse a los nuevos requisitos de cumplimiento y navegar por entornos regulatorios cambiantes, lo que puede aumentar los costos y afectar las operaciones comerciales.

Tributación y Redistribución de la Riqueza

Los movimientos populistas a menudo enfatizan abordar la desigualdad de ingresos y la redistribución de la riqueza. Esto puede conducir a propuestas de impuestos más altos para las corporaciones y los ricos, un mayor gasto social y cambios en los códigos tributarios. Si bien estas medidas tienen como objetivo abordar las preocupaciones sociales, pueden afectar la rentabilidad comercial, las decisiones de inversión y los incentivos económicos. El potencial de impuestos más altos también puede desalentar la inversión extranjera directa.

Impactos específicos del sector

Diferentes industrias pueden verse afectadas de manera diferente por el populismo. Por ejemplo, los sectores que dependen en gran medida de la mano de obra internacional, como la agricultura o la hostelería, pueden enfrentarse a desafíos debido a restricciones de inmigración o cambios en las políticas laborales. Por otro lado, los sectores que se benefician de las inversiones gubernamentales en infraestructura o medidas proteccionistas pueden experimentar ventajas a corto plazo. Comprender estos impactos específicos del sector es crucial para que las empresas naveguen en el panorama cambiante de manera efectiva.

Políticas populistas y estabilidad económica

Las políticas económicas populistas, como el aumento del gasto público o la relajación de la disciplina fiscal, pueden afectar la estabilidad económica. Si bien pueden brindar estímulo y apoyo a corto plazo a ciertos segmentos de la sociedad, también pueden generar déficits presupuestarios, presiones inflacionarias y desafíos fiscales a largo plazo. Es posible que las empresas deban considerar las posibles consecuencias de estas políticas sobre las tasas de interés, la inflación y la estabilidad macroeconómica general.

Conclusión

El impacto del populismo en las empresas y los mercados es complejo y multifacético. Si bien algunas políticas populistas pueden tener como objetivo abordar preocupaciones legítimas y promover la equidad social, también pueden generar incertidumbre, interrumpir el comercio internacional y crear desafíos para las empresas. Es esencial que las empresas supervisen de cerca los desarrollos de políticas, se adapten a los cambios regulatorios y participen en diálogos constructivos con los formuladores de políticas para navegar con éxito en el panorama cambiante. Además, los gobiernos y los formuladores de políticas deben equilibrar los intereses de los ciudadanos y las empresas, asegurando que las políticas respalden el crecimiento económico sostenible al mismo tiempo que abordan las necesidades de la sociedad.

9

EL POPULISMO Y LAS DIVISIONES SOCIALES

Los movimientos populistas a menudo explotan las divisiones sociales existentes y capitalizan los agravios dentro de la sociedad. Tienden a enmarcar los conflictos políticos como batallas entre el "pueblo" y la "élite", enfrentando a diferentes grupos sociales entre sí. Este capítulo explora las formas en que el populismo exacerba las divisiones sociales y las implicaciones para la democracia y la cohesión social.

Identificación y amplificación de divisiones: los líderes populistas a menudo identifican fallas sociales como la desigualdad económica, las diferencias culturales o los conflictos basados en la identidad. Se presentan como campeones de los marginados, prometiendo abordar sus preocupaciones y proteger sus intereses. Sin embargo, al hacerlo, pueden profundizar aún más las divisiones existentes y alimentar la polarización dentro de la sociedad.

Políticas culturales y de identidad: los movimientos populistas suelen utilizar cuestiones culturales y de identidad para conseguir apoyo. Pueden enfatizar narrativas nacionalistas o etnocéntricas, promover un sentido de superioridad cultural y abogar por políticas que prioricen los intereses de un grupo en particular. Esto puede conducir a mayores tensiones y conflictos entre diferentes comunidades étnicas, religiosas o de inmigrantes.

Mentalidad de nosotros contra ellos: los líderes populistas a menudo emplean una retórica que crea una dinámica de "nosotros contra ellos", retratando a la "gente" como virtuosa y a la "élite" como corrupta o fuera de contacto. Esta narrativa divisiva fomenta la animosidad y la hostilidad hacia los opositores percibidos, incluidos los opositores políticos, las organizaciones de medios u otras instituciones sociales. Puede contribuir a una sociedad fracturada y obstaculizar el diálogo constructivo y la cooperación.

Polarización y fragmentación social: los movimientos populistas tienden a polarizar las sociedades, empujando a las personas hacia posiciones extremas y socavando el término medio. Esta polarización puede conducir a una mayor fragmentación social, donde los individuos y las comunidades se aíslan en sus propias cámaras de eco, reforzando sus propias creencias y profundizando aún más las divisiones. Las plataformas de redes sociales y las cámaras de eco en línea pueden amplificar esta polarización.

Amenazas a la cohesión social: Los movimientos populistas que explotan las divisiones sociales corren el riesgo de socavar la cohesión social y la confianza dentro de la sociedad. La satanización de determinados colectivos o la promoción de políticas de exclusión pueden provocar la ruptura de los lazos sociales y la erosión de la solidaridad social. Esto puede tener efectos perjudiciales para la democracia, ya que una sociedad cohesionada e inclusiva es vital para el funcionamiento de las instituciones democráticas.

Implicaciones para la democracia: El auge del populismo y la exacerbación de las divisiones sociales plantean importantes desafíos para la gobernabilidad democrática. Los líderes populistas pueden socavar las normas e instituciones democráticas, polarizar el discurso público y marginar a los grupos minoritarios. Esto puede debilitar las instituciones y los procesos democráticos, restringir las libertades civiles y obstaculizar la protección de los derechos de las minorías.

El populismo es conocido por su tendencia a polarizar las sociedades al crear y exacerbar las divisiones sociales. Los líderes populistas a menudo se basan en una retórica que demoniza a ciertos grupos de personas, como los inmigrantes, las minorías étnicas y religiosas y los opositores políticos, presentándolos como enemigos del pueblo y como amenazas a la identidad y la seguridad nacionales. Este tipo de retórica puede alimentar los prejuicios y la discriminación, y dar lugar a disturbios sociales y violencia.

Una de las formas clave en que el populismo crea divisiones sociales es apelando a un sentido de identidad nacional que es excluyente y, a menudo, se basa en la homogeneidad étnica o cultural. Los líderes populistas a menudo promueven una visión nostálgica del pasado en el que la nación era fuerte y unificada, y culpan a la inmigración y la globalización por diluir esta unidad y amenazar la cultura nacional. Este tipo de retórica puede fomentar una sensación de resentimiento y hostilidad hacia los inmigrantes y otros grupos minoritarios, y dar lugar a políticas y prácticas discriminatorias.

Otra forma en que el populismo puede crear divisiones sociales es avivando el resentimiento económico y presentando a ciertos grupos de personas como beneficiarios de un sistema corrupto y amañado. Los líderes populistas a menudo afirman representar los intereses de la clase trabajadora y luchar contra una élite que no está al tanto de las necesidades de la gente común. Este tipo de retórica puede crear una sensación de división entre las diferentes clases sociales y alimentar el resentimiento hacia quienes se percibe que se benefician del sistema a expensas de los demás.

Los líderes populistas también pueden crear divisiones sociales al atacar a los medios y presentarlos como parciales y poco confiables. Este tipo de retórica puede crear una sensación de división entre quienes apoyan al líder populista y quienes no, y puede socavar la credibilidad de las instituciones democráticas y los medios de comunicación como fuente de información.

El impacto de las divisiones sociales populistas puede ser significativo. La polarización y el malestar social pueden socavar la cohesión social y la confianza en las instituciones democráticas, y dificultar que los gobiernos aborden cuestiones sociales y económicas apremiantes. Las políticas y prácticas discriminatorias pueden conducir a la marginación y exclusión de grupos minoritarios y socavar los derechos humanos y los principios democráticos.

Para mitigar los impactos negativos del populismo en las divisiones sociales, es importante promover sociedades inclusivas y tolerantes y fortalecer las instituciones democráticas y el estado de derecho. Esto se puede lograr promoviendo el diálogo intercultural, invirtiendo en educación y compromiso cívico, y asegurando que todos los individuos y grupos tengan acceso a representación política y protección legal. También es importante combatir la desigualdad económica y abordar los factores sociales y económicos subyacentes que pueden contribuir al aumento del populismo en primer lugar.

APELACIÓN POPULISTA AL NACIONALISMO

Introducción: Los movimientos populistas a menudo se basan en la apelación al nacionalismo como un elemento clave de su retórica. El nacionalismo, definido como una intensa lealtad y devoción a la propia nación, es aprovechado por los líderes populistas para crear un sentido de identidad colectiva, unir al pueblo y movilizar apoyo para sus agendas políticas. Este capítulo explora la apelación populista al nacionalismo, su dinámica subyacente y su impacto en la democracia.

Definición y manifestaciones del nacionalismo: el nacionalismo puede tomar varias formas y expresiones, que van desde el nacionalismo cultural que enfatiza el patrimonio y las tradiciones compartidas hasta el nacionalismo cívico que enfatiza los valores y principios comunes. Los líderes populistas a menudo aprovechan estos sentimientos al promover una visión específica de la identidad nacional, a menudo vinculada a un período histórico o un ideal cultural, y se presentan a sí mismos como defensores de los intereses nacionales.

Narrativa de nosotros contra ellos: los líderes populistas usan el nacionalismo para crear una dicotomía entre "nosotros" y "ellos", donde "nosotros" representa a los verdaderos ciudadanos y defensores de la nación, y "ellos" se refiere a los percibidos como extraños, como inmigrantes, élites globales u oponentes políticos. Esta narrativa sirve para movilizar el apoyo fomentando un sentido de unidad y propósito compartido entre el grupo "nosotros", mientras que el grupo "ellos" es el chivo expiatorio como una amenaza a los valores e intereses nacionales.

Preservación cultural y proteccionismo: Las apelaciones populistas al nacionalismo a menudo enfatizan la necesidad de proteger y preservar la cultura, las tradiciones y los valores nacionales. Esto puede manifestarse en llamados a políticas de inmigración más estrictas, resistencia a la asimilación cultural y oposición a la globalización y los acuerdos comerciales internacionales vistos como amenazas a la identidad nacional. Tales posiciones pueden resonar en segmentos de la población que sienten una sensación de ansiedad cultural o miedo a la dilución cultural.

Nacionalismo económico y políticas proteccionistas: los líderes populistas pueden promover el nacionalismo económico abogando por políticas comerciales proteccionistas, favoreciendo las industrias nacionales y prometiendo recuperar empleos y prosperidad económica. A menudo enmarcan la globalización y el libre comercio como perjudiciales para los intereses nacionales y abogan por priorizar la autosuficiencia económica nacional. Sin embargo, estas políticas pueden tener consecuencias económicas mixtas y pueden resultar en tensiones comerciales y una cooperación económica reducida.

Impacto en la democracia: La apelación populista al nacionalismo puede tener implicaciones significativas para la democracia. Si bien puede generar un sentido de pertenencia y orgullo para algunos ciudadanos, también puede conducir a prácticas de exclusión, discriminación contra grupos minoritarios y erosión de valores democráticos como el pluralismo y la tolerancia. Los líderes populistas pueden utilizar el nacionalismo para consolidar el poder, limitar la disidencia y socavar las instituciones democráticas presentando cualquier oposición o crítica como antipatriótica o traidora.

Conclusión

La apelación populista al nacionalismo puede ser una herramienta poderosa para movilizar apoyo y dar forma al discurso político. Aprovecha emociones y deseos profundamente arraigados de una identidad compartida y un sentido de pertenencia. Sin embargo, es fundamental examinar críticamente las consecuencias de este llamado a la democracia. Al promover un nacionalismo inclusivo que abarque la diversidad, respete los derechos de las minorías y defienda los principios democráticos, las sociedades pueden navegar por las complejidades del nacionalismo mientras preservan los cimientos de una democracia saludable e inclusiva.

INMIGRACIÓN Y REACCIÓN POPULISTA

El tema de la inmigración se ha convertido en un factor importante en el surgimiento de movimientos populistas en todo el mundo. Este capítulo explora la compleja relación entre la inmigración y la reacción populista, examinando las motivaciones detrás del sentimiento antiinmigrante, las estrategias empleadas por los líderes populistas y las implicaciones para la democracia.

Entendiendo el Sentimiento Anti-Inmigrante

Los movimientos populistas a menudo aprovechan las preocupaciones y los temores que rodean a la inmigración. El sentimiento antiinmigrante puede provenir de varios factores, incluida la ansiedad económica, la aprensión cultural y las amenazas percibidas a la identidad nacional. Los líderes populistas aprovechan estos sentimientos, presentando la inmigración como un problema y posicionándose como defensores de los intereses nacionales.

Factores económicos

Una de las fuerzas impulsoras detrás de la reacción populista contra la inmigración es la ansiedad económica. Los líderes populistas pueden argumentar que los inmigrantes les están quitando empleos y recursos a los ciudadanos nativos, lo que aumenta el desempleo y reduce los salarios. Sin embargo, la investigación sugiere que el impacto económico de la inmigración es matizado y que los inmigrantes pueden contribuir positivamente a la economía a través del espíritu empresarial, la innovación y la participación en el mercado laboral.

Preocupaciones culturales

Los movimientos populistas a menudo explotan las ansiedades culturales al enfatizar la amenaza percibida de dilución cultural o pérdida de identidad nacional debido a la inmigración. Pueden argumentar que los inmigrantes no se están asimilando a la sociedad de acogida o que representan un riesgo para los valores y tradiciones culturales. Es importante reconocer las diversas contribuciones que los inmigrantes hacen a la sociedad y el potencial de enriquecimiento cultural a través del multiculturalismo.

Retórica y estrategias populistas

Los líderes populistas emplean una retórica que aviva el miedo y el resentimiento hacia los inmigrantes, pintándolos como un grupo homogéneo responsable de varios problemas sociales. Pueden usar términos como "invasión", "amenaza" o "crimen" para representar negativamente a los inmigrantes, creando una narrativa de "nosotros contra ellos". Este tipo de retórica puede alimentar la división, la xenofobia y la discriminación.

Impacto en la democracia

La reacción populista contra la inmigración puede tener implicaciones de gran alcance para la democracia. Puede conducir a la erosión de las normas y valores democráticos, ya que los líderes populistas pueden explotar el sentimiento antiinmigrante para socavar las instituciones, limitar las libertades civiles y restringir los derechos de las minorías. También puede fomentar las divisiones sociales, la hostilidad hacia los grupos marginados y obstaculizar la cohesión social.

Construyendo Sociedades Inclusivas

Para abordar los desafíos que plantea la reacción populista contra la inmigración, es crucial promover sociedades inclusivas que reconozcan el valor de la diversidad y fomenten la integración social. Esto puede lograrse a través de políticas que faciliten la integración de los inmigrantes en el mercado laboral, inviertan en educación y formación lingüística y promuevan el diálogo intercultural. También es fundamental combatir la xenofobia y la discriminación, al tiempo que se garantiza que las políticas de inmigración sean justas, transparentes y respeten los derechos humanos.

Conclusión

El tema de la inmigración se ha convertido en un terreno fértil para que los movimientos populistas exploten los miedos y los agravios dentro de las sociedades. Al comprender las motivaciones detrás del sentimiento antiinmigrante y su impacto potencial en la democracia, las sociedades pueden trabajar hacia políticas de inmigración integrales e inclusivas que defiendan los principios democráticos, promuevan la cohesión social y reconozcan los beneficios que los inmigrantes traen a sus países de acogida.

POPULISMO Y COHESIÓN SOCIAL

Los movimientos populistas tienen el potencial de impactar significativamente la cohesión social dentro de las sociedades. Este capítulo explora la relación entre el populismo y la cohesión social, examinando cómo la retórica, las políticas y las estrategias populistas pueden promover o socavar la cohesión social y las implicaciones para las sociedades democráticas.

Comprender la cohesión social

La cohesión social se refiere al nivel de confianza, cooperación y solidaridad entre los miembros de una sociedad. Se caracteriza por el sentido de pertenencia, los valores compartidos y la capacidad de gestionar la diversidad de forma pacífica. La cohesión social es fundamental para el funcionamiento y la estabilidad de las sociedades democráticas, ya que fomenta la cooperación, reduce los conflictos y promueve la gobernabilidad inclusiva.

Retórica populista y división

Los movimientos populistas a menudo emplean una retórica divisiva que puede socavar la cohesión social. Pueden construir narrativas que dividen a la sociedad en "nosotros" versus "ellos", creando una atmósfera de hostilidad y sospecha. Los líderes populistas pueden apuntar a ciertos grupos, como inmigrantes, minorías religiosas u opositores políticos, presentándolos como amenazas a los valores, la identidad o los intereses de las personas "verdaderas". Esta retórica divisiva puede exacerbar las divisiones sociales, erosionar la confianza y socavar la cohesión social.

Políticas Económicas y Desigualdad Social

Los movimientos populistas a menudo sacan provecho de los agravios socioeconómicos y se presentan a sí mismos como campeones de la "gente común" contra la "élite corrupta". Sin embargo, es posible que sus políticas económicas no siempre aborden las desigualdades estructurales subyacentes. Las medidas populistas que benefician desproporcionadamente a ciertos grupos o descuidan a las poblaciones marginadas pueden profundizar las divisiones sociales y obstaculizar la cohesión social. Es importante desarrollar políticas económicas inclusivas que promuevan la igualdad de oportunidades, reduzcan la desigualdad y mejoren la movilidad social.

Inclusividad y Pluralismo

Los movimientos populistas tienden a enfatizar una definición estrecha de la "gente verdadera" y pueden excluir o marginar a ciertos grupos en función de su origen étnico, religión o afiliación política. Este enfoque excluyente socava la cohesión social al alienar y marginar a segmentos de la sociedad. Adoptar la inclusión y el pluralismo, por otro lado, fomenta la cohesión social al reconocer y valorar las contribuciones de todos los individuos, independientemente de sus orígenes.

Cerrar brechas y generar confianza

Promover la cohesión social requiere esfuerzos para cerrar las brechas y generar confianza entre diversos grupos. Esto se puede lograr a través de iniciativas que fomenten el diálogo, el entendimiento intercultural y la participación comunitaria. Las organizaciones de la sociedad civil, las instituciones educativas y los medios de comunicación tienen un papel vital que desempeñar en la promoción de la cohesión social al proporcionar plataformas para debates constructivos, promover la empatía y desafiar las narrativas que dividen.

Fortalecimiento de las Instituciones Democráticas

Las instituciones democráticas fuertes y resilientes son cruciales para mantener la cohesión social. Poderes judiciales independientes, medios libres y diversos y sistemas de gobierno responsables contribuyen a la confianza, la equidad y la transparencia. La defensa del estado de derecho y la protección de los derechos de las minorías también son esenciales para la cohesión social, ya que garantizan la igualdad de trato, la justicia y la inclusión.

Conclusión

El populismo puede tener impactos tanto positivos como negativos en la cohesión social. Si bien puede movilizar a ciertos segmentos de la sociedad y dar voz a las quejas, también puede exacerbar las divisiones y socavar la confianza en diversas sociedades democráticas. Al promover políticas inclusivas, fomentar el diálogo y fortalecer las instituciones democráticas, las sociedades pueden mitigar el impacto negativo del populismo en la cohesión social. Construir una sociedad cohesionada requiere reconocer y valorar la diversidad, defender los valores democráticos y promover la gobernanza inclusiva para el mejoramiento de todos los miembros de la sociedad.

10

RESPUESTAS A LOS DESAFÍOS POPULISTAS

A medida que los movimientos populistas continúan surgiendo en todo el mundo, se vuelve esencial explorar respuestas efectivas a los desafíos que plantean a la democracia. Este capítulo examina varias estrategias y enfoques que pueden emplearse para abordar y contrarrestar la influencia del populismo, defender los valores democráticos y fortalecer las instituciones democráticas.

Comprender el atractivo populista

Antes de formular respuestas, es crucial comprender los factores subyacentes que contribuyen al atractivo populista. Esto incluye examinar las quejas y preocupaciones de los ciudadanos que alimentan los movimientos populistas, como la desigualdad económica, las divisiones sociales y la desilusión política. Comprender las causas fundamentales ayuda a diseñar respuestas más específicas y eficaces.

Fortalecimiento de las Instituciones Democráticas

Una respuesta clave a los desafíos populistas es fortalecer las instituciones democráticas. Esto incluye salvaguardar la independencia del poder judicial, promover medios libres y diversos, proteger las libertades civiles y mejorar la transparencia y la rendición de cuentas de los sistemas de gobierno. El fortalecimiento de las instituciones democráticas ayuda a mantener controles y equilibrios, proteger contra posibles abusos de poder y restaurar la confianza en el proceso democrático.

Promoción de la gobernanza inclusiva

Los movimientos populistas a menudo se nutren de la percepción de que las élites políticas tradicionales están desconectadas de las preocupaciones de los ciudadanos comunes. En respuesta, es fundamental promover una gobernanza inclusiva que permita una mayor participación ciudadana en los procesos de toma de decisiones. Esto se puede lograr a través de mecanismos como asambleas de ciudadanos, presupuestos participativos y plataformas de diálogo abierto que permitan a los ciudadanos tener una voz directa en la formulación de políticas.

Abordar las desigualdades socioeconómicas

Los movimientos populistas a menudo explotan los agravios económicos. Para contrarrestar su atractivo, es necesario abordar las desigualdades socioeconómicas y garantizar que los beneficios del crecimiento económico se distribuyan de manera más equitativa. Esto implica implementar políticas que promuevan la creación de empleo, apoyen los programas de bienestar social, inviertan en educación y capacitación y brinden oportunidades de movilidad ascendente. Al abordar las preocupaciones económicas subyacentes de los ciudadanos, se puede disminuir el atractivo del populismo.

Mejorando la Educación Cívica

La educación cívica juega un papel crucial en el fomento de ciudadanos informados y comprometidos. Al promover el pensamiento crítico, la alfabetización mediática y la comprensión de los valores y procesos democráticos, los ciudadanos están mejor equipados para navegar por las complejidades del discurso político. Invertir en programas de educación cívica puede ayudar a contrarrestar la información errónea, fortalecer la resiliencia democrática y empoderar a las personas para que tomen decisiones informadas.

Creación de alianzas entre partidos

Los movimientos populistas a menudo se nutren de la polarización y explotan las divisiones dentro de la sociedad. Construir alianzas y coaliciones entre partidos basadas en valores democráticos compartidos puede ayudar a contrarrestar la retórica divisiva del populismo. Al encontrar puntos en común y trabajar juntos más allá de las líneas partidarias, los líderes políticos pueden presentar un frente unido contra los desafíos populistas y promover un entorno político más inclusivo y constructivo.

Comunicando efectivamente

Responder al populismo requiere estrategias de comunicación efectivas que puedan contrarrestar las narrativas populistas. Esto implica promover información basada en hechos, desacreditar la información errónea y comunicar los beneficios de los valores democráticos y las políticas inclusivas. Los líderes políticos, las organizaciones de la sociedad civil y los medios de comunicación tienen un papel crucial que desempeñar para dar forma al discurso público y proporcionar información precisa y equilibrada.

Conclusión

El populismo presenta desafíos significativos para la democracia, pero las respuestas efectivas pueden ayudar a mitigar su impacto. Al fortalecer las instituciones democráticas, promover la gobernanza inclusiva, abordar las desigualdades socioeconómicas, mejorar la educación cívica, construir alianzas entre partidos y comunicarse de manera efectiva, las sociedades pueden contrarrestar el atractivo populista y defender los valores democráticos. Responder al populismo requiere un enfoque multifacético que aborde las causas subyacentes y al mismo tiempo promueva una democracia más inclusiva, resiliente y participativa.

RESILIENCIA DEMOCRÁTICA Y REFORMA INSTITUCIONAL

A medida que el populismo continúa desafiando las normas e instituciones democráticas, se vuelve imperativo explorar el concepto de resiliencia democrática y la necesidad de una reforma institucional. Este capítulo examina la importancia de construir sistemas democráticos resilientes y las reformas necesarias para defender los valores democráticos frente a las amenazas populistas.

Comprender la resiliencia democrática

La resiliencia democrática se refiere a la capacidad de los sistemas democráticos para resistir y recuperarse de los desafíos, incluidos los que plantea el populismo. Esta sección explora los elementos clave de la resiliencia democrática, como el estado de derecho, la separación de poderes, elecciones libres y justas, un poder judicial independiente y una sociedad civil dinámica. Comprender estos elementos ayuda a identificar áreas de vulnerabilidad y diseñar estrategias para fortalecer la resiliencia democrática.

Fortalecimiento de los Sistemas Electorales

Los movimientos populistas a menudo explotan la insatisfacción con el proceso electoral. Para mejorar la resiliencia democrática, las reformas deben centrarse en fortalecer los sistemas electorales. Esto incluye medidas como garantizar la transparencia y la integridad en el financiamiento de las campañas, mejorar la educación y el compromiso de los votantes, implementar mecanismos sólidos para monitorear y prevenir el fraude electoral y promover una representación justa a través de reformas del sistema electoral. El fortalecimiento de los sistemas electorales ayuda a mantener la confianza en el proceso democrático y previene la erosión de las instituciones democráticas.

Salvaguardar el Estado de derecho

Los movimientos populistas a menudo desafían el estado de derecho socavando la independencia judicial y atacando las instituciones legales. Para contrarrestar estas amenazas, las reformas institucionales deben centrarse en salvaguardar el estado de derecho. Esto implica garantizar la independencia del poder judicial, proteger los derechos de las personas y los grupos minoritarios, mejorar el acceso a la justicia y fortalecer los mecanismos de rendición de cuentas y transparencia dentro del sistema legal. Al defender el estado de derecho, los sistemas democráticos pueden resistir las presiones populistas y proteger los derechos y libertades fundamentales.

Refuerzo de controles y equilibrios

Los líderes populistas a menudo concentran el poder en el poder ejecutivo, socavando los controles y equilibrios esenciales para una democracia saludable. Las reformas institucionales deben apuntar a reforzar los controles y equilibrios mediante el fortalecimiento del papel de los poderes legislativo y judicial. Esto puede implicar la implementación de mecanismos para la supervisión legislativa, la mejora de la independencia y la capacidad del poder judicial y la promoción de una cultura de rendición de cuentas dentro del poder ejecutivo. Reforzar los controles y equilibrios ayuda a prevenir la consolidación del poder y mantener la responsabilidad democrática.

Promoción de la educación cívica y la alfabetización mediática

La resiliencia democrática también depende de una ciudadanía informada y comprometida. Las reformas deben priorizar la educación cívica y la alfabetización mediática para mejorar la comprensión de los valores democráticos, el pensamiento crítico y la capacidad de discernir información confiable de la propaganda. Al dotar a los ciudadanos de las habilidades y los conocimientos necesarios, se convierten en participantes activos del proceso democrático y son menos susceptibles a la manipulación populista.

Fomentar la participación de la sociedad civil

La sociedad civil juega un papel vital en la defensa de los valores democráticos y como contrapeso a los movimientos populistas. Las reformas institucionales deben apoyar y alentar a las organizaciones de la sociedad civil a participar activamente en el discurso público, monitorear las actividades gubernamentales y defender los principios democráticos. Esto puede implicar la creación de un entorno propicio para la sociedad civil, la protección de la libertad de reunión y asociación y la provisión de recursos y apoyo para sus actividades.

Cooperación Internacional y Solidaridad

El impacto del populismo se extiende más allá de las fronteras nacionales, lo que hace que la cooperación y la solidaridad internacionales sean cruciales para preservar la democracia. Las reformas deben priorizar la colaboración internacional entre países democráticos para compartir las mejores prácticas, coordinar esfuerzos y brindar apoyo a los países que enfrentan desafíos populistas. A través de la acción colectiva, las naciones democráticas pueden fortalecer la resiliencia de las demás y defender los valores democráticos a nivel mundial.

Conclusión

Desarrollar resiliencia democrática e implementar reformas institucionales son esenciales para salvaguardar la democracia de las amenazas que plantea el populismo. Fortalecer los sistemas electorales, salvaguardar el estado de derecho, reforzar los controles y equilibrios, promover la educación cívica y la alfabetización mediática, fomentar la participación de la sociedad civil y fomentar la cooperación internacional son estrategias clave para mantener la resiliencia de las instituciones democráticas. Al tomar medidas proactivas para proteger y mejorar los valores democráticos, las sociedades pueden resistir las presiones populistas y asegurar la longevidad y vitalidad de sus sistemas democráticos.

FORTALECIMIENTO DE LA SOCIEDAD CIVIL Y LA INTEGRIDAD DE LOS MEDIOS

Ante el impacto del populismo en la democracia, es fundamental explorar estrategias para fortalecer la sociedad civil y promover la integridad de los medios. Este capítulo examina el papel de las organizaciones de la sociedad civil y las instituciones de los medios de comunicación para salvaguardar los principios democráticos y contrarrestar los efectos negativos del populismo. Al centrarnos en el empoderamiento de la sociedad civil y la promoción de la integridad de los medios, podemos fomentar un entorno que defienda los valores democráticos y la resiliencia.

La Sociedad Civil como Pilar Democrático

Las organizaciones de la sociedad civil desempeñan un papel crucial en la promoción de la participación ciudadana, el fomento de la cohesión social y la rendición de cuentas de los gobiernos. El fortalecimiento de la sociedad civil implica la creación de un entorno propicio para la formación y el funcionamiento de organizaciones no gubernamentales (ONG), grupos de defensa y movimientos de base diversos, independientes y sólidos.

Promoción de la ciudadanía activa

Fomentar la ciudadanía activa es vital para contrarrestar la influencia del populismo. Los programas de educación cívica pueden equipar a las personas con el conocimiento y las habilidades necesarias para evaluar críticamente los mensajes políticos, entablar un diálogo constructivo y participar en los procesos democráticos. Empoderar a los ciudadanos para que contribuyan activamente a los procesos de toma de decisiones ayuda a construir una democracia resiliente.

Protección de la libertad de expresión y el pluralismo de los medios

Preservar la libertad de expresión y garantizar el pluralismo de los medios son componentes cruciales de una democracia saludable. Los gobiernos deben proteger la seguridad, la independencia y el acceso a la información de los periodistas. Fortalecer la integridad de los medios implica promover la ética profesional, apoyar a los medios de comunicación independientes y combatir la información errónea y la desinformación.

Verificación de hechos y alfabetización mediática

Los esfuerzos para combatir la información errónea y la desinformación deben incluir iniciativas de verificación de hechos y promover la alfabetización mediática. Las organizaciones de verificación de hechos pueden desempeñar un papel vital en la verificación de información, desacreditando falsedades y proporcionando fuentes confiables. Los programas de alfabetización mediática facultan a las personas para evaluar críticamente el contenido de los medios y distinguir entre fuentes confiables y engañosas.

Promoción de la transparencia y la rendición de cuentas

Los mecanismos de transparencia y rendición de cuentas son esenciales para contrarrestar la erosión de los valores democráticos. Los gobiernos deben mejorar la transparencia asegurando el acceso abierto a la información pública, fomentando la participación ciudadana en los procesos de toma de decisiones y estableciendo mecanismos para responsabilizar a los funcionarios públicos por sus acciones.

Fortalecimiento de la Cooperación Internacional

Abordar los desafíos que plantea el populismo requiere cooperación internacional. La colaboración entre naciones democráticas, organizaciones internacionales y actores de la sociedad civil puede promover mejores prácticas, compartir experiencias y apoyar iniciativas que fortalezcan las instituciones democráticas y contrarresten el impacto negativo de los movimientos populistas.

Promoción de la inclusión y la cohesión social

El populismo a menudo explota las divisiones sociales y fomenta narrativas excluyentes. Promover la inclusión y la cohesión social es esencial para mantener la estabilidad democrática. Los esfuerzos deben centrarse en fomentar el diálogo, aceptar la diversidad y construir puentes entre diferentes grupos sociales, culturales y políticos.

Conclusión

Al fortalecer la sociedad civil y promover la integridad de los medios, las sociedades pueden reforzar sus bases democráticas y mitigar el impacto del populismo. Fomentar la ciudadanía activa, proteger la libertad de expresión, promover la alfabetización mediática, fomentar la transparencia y promover la inclusión son estrategias clave para salvaguardar los principios democráticos. A través de esfuerzos concertados a nivel local, nacional e internacional, podemos construir sistemas democráticos resilientes que estén mejor equipados para resistir los desafíos que plantea el populismo y proteger los valores de la democracia.

COMPROMETERSE CON PARTIDARIOS POPULISTAS

Involucrar a los partidarios populistas es un aspecto crítico para comprender y abordar el impacto del populismo en la democracia. Este capítulo explora estrategias para interactuar efectivamente con personas que se sienten atraídas por los movimientos populistas, con el objetivo de fomentar el diálogo, salvar las divisiones y promover los valores democráticos. Al reconocer las motivaciones y preocupaciones subyacentes de los partidarios populistas, podemos trabajar para construir sociedades inclusivas y participativas que aborden sus quejas y respeten los principios democráticos.

Comprender a los partidarios populistas

Para comprometerse efectivamente con los partidarios populistas, es crucial comprender sus motivaciones, preocupaciones y aspiraciones. La realización de investigaciones y análisis en profundidad puede arrojar luz sobre los factores socioeconómicos, culturales y políticos que contribuyen a su apoyo a los movimientos populistas. Esta comprensión forma la base para un compromiso constructivo.

Empatía y Diálogo Respetuoso

Involucrarse con partidarios populistas requiere abordar las conversaciones con empatía y respeto. Es fundamental crear un entorno que fomente el diálogo abierto y respetuoso, donde se puedan escuchar y comprender los diferentes puntos de vista. La escucha activa y el reconocimiento de la legitimidad de las preocupaciones pueden ayudar a generar confianza y crear un espacio para un compromiso constructivo.

Abordar quejas genuinas

Los movimientos populistas a menudo surgen en respuesta a quejas y frustraciones reales entre sectores de la población. Comprometerse con los partidarios populistas implica reconocer y abordar estas preocupaciones genuinas. Al proponer políticas y reformas inclusivas que aborden problemas como la desigualdad económica, la precariedad laboral y la exclusión social, es posible ofrecer alternativas que resuenen con sus necesidades.

Contrarrestar la información errónea y la desinformación

Los movimientos populistas a menudo explotan la información errónea y la desinformación para alimentar sus narrativas. Involucrarse con los partidarios populistas requiere contrarrestar las narrativas falsas con información precisa y argumentos basados en evidencia. Las iniciativas de verificación de hechos, las campañas educativas y la colaboración con medios de comunicación confiables pueden ayudar a contrarrestar la difusión de información errónea.

Construyendo puentes y promoviendo la inclusión

Comprometerse con los partidarios populistas implica trabajar activamente para salvar las divisiones y promover la inclusión. Esto implica iniciativas que fomenten la cohesión social, alienten el diálogo entre diferentes grupos sociales y enfaticen valores y aspiraciones compartidas. La creación de plataformas para la participación constructiva, como reuniones en el ayuntamiento o foros comunitarios, puede facilitar las interacciones y cerrar las brechas.

Democracia Participativa y Empoderamiento

Comprometerse con los partidarios populistas significa promover la democracia participativa y empoderar a los ciudadanos para que contribuyan activamente a los procesos de toma de decisiones. Al proporcionar vías para una participación significativa, como la elaboración de presupuestos participativos o las asambleas de ciudadanos, las personas pueden sentirse escuchadas y participar en la configuración de políticas y resultados.

Educación y alfabetización mediática

Invertir en educación y alfabetización mediática es crucial para comprometerse con los partidarios populistas. Al promover las habilidades de pensamiento crítico, la alfabetización mediática y la educación cívica, las personas pueden desarrollar la capacidad de navegar por panoramas políticos complejos, evaluar la información de manera crítica y participar en debates informados. La educación empodera a los ciudadanos para que se conviertan en participantes activos de la democracia.

Conclusión

Comprometerse con los partidarios populistas requiere un enfoque multifacético que combine la comprensión, la empatía, el diálogo respetuoso y el abordaje de quejas genuinas. Al contrarrestar la desinformación, construir puentes, promover la inclusión y fomentar la democracia participativa, es posible crear un entorno propicio para un compromiso constructivo. Involucrarse con los partidarios populistas no se trata de ganar debates o cambiar de opinión de la noche a la mañana, sino de generar confianza, encontrar puntos en común y trabajar hacia soluciones democráticas inclusivas que aborden las preocupaciones y aspiraciones de todos los ciudadanos.

11

EL FUTURO DEL POPULISMO Y LA DEMOCRACIA

A medida que el populismo continúa dando forma a los paisajes políticos en todo el mundo, es esencial examinar sus implicaciones futuras para la democracia. Este capítulo explora la naturaleza evolutiva del populismo y su impacto potencial en los sistemas democráticos. Al analizar las tendencias actuales, los desafíos y las posibles trayectorias, podemos obtener información sobre la dinámica futura entre el populismo y la democracia y explorar estrategias para salvaguardar los valores democráticos.

Dinámicas cambiantes del populismo

El populismo es un fenómeno dinámico y en evolución. Esta sección profundiza en la dinámica cambiante de los movimientos populistas, incluida su adaptación a los nuevos contextos políticos, sociales y tecnológicos. Examinar el surgimiento de nuevos actores populistas, los cambios en las orientaciones ideológicas y las estrategias en evolución puede proporcionar información valiosa sobre la trayectoria futura del populismo.

Respuestas Democráticas y Resiliencia

La democracia ha mostrado resiliencia frente a los desafíos populistas. Esta sección explora cómo los sistemas democráticos pueden responder y adaptarse al auge del populismo. Examina el papel de las instituciones democráticas, la sociedad civil y la participación ciudadana para contrarrestar las narrativas populistas y fortalecer los valores democráticos. Estrategias como la transparencia, la rendición de cuentas y la gobernanza inclusiva pueden mejorar la resiliencia de los sistemas democráticos.

Populismo y globalización

No se puede ignorar el impacto de la globalización en el populismo y la democracia. Esta sección examina cómo los procesos de globalización, incluida la interdependencia económica, la migración y el intercambio cultural, influyen en el surgimiento y la evolución del populismo. Explora la compleja relación entre populismo, nacionalismo y gobernanza global, destacando posibles escenarios para futuras interacciones.

Avances tecnológicos y populismo

Los avances tecnológicos han remodelado los paisajes políticos y los canales de comunicación. Esta sección investiga cómo la tecnología, en particular las redes sociales y las plataformas en línea, influye en la propagación y el impacto del populismo. Explora los riesgos y oportunidades que presentan los espacios digitales, las campañas de desinformación y el papel de las empresas tecnológicas en la configuración del discurso político.

Fortalecimiento de las Instituciones Democráticas

Construir instituciones democráticas resilientes es crucial para contrarrestar los desafíos que plantea el populismo. Esta sección explora estrategias para fortalecer la gobernabilidad democrática, incluida la independencia judicial, la libertad de prensa y la integridad electoral. Examina el papel de las garantías constitucionales, los controles y equilibrios, y las reformas institucionales para salvaguardar los principios democráticos.

Promoción de la educación cívica y la alfabetización mediática

Mejorar la educación cívica y la alfabetización mediática es esencial para el futuro de la democracia. Esta sección profundiza en la importancia de equipar a los ciudadanos con el conocimiento y las habilidades para participar críticamente en la información política, discernir entre los hechos y la información errónea, y participar activamente en los procesos democráticos. Explora iniciativas educativas, programas de alfabetización mediática y el papel de las escuelas y universidades en el fomento de los valores democráticos.

Cooperación Internacional y Solidaridad Democrática

Los movimientos populistas a menudo trascienden las fronteras nacionales y requieren la cooperación internacional para abordar sus desafíos. Esta sección explora el papel de las organizaciones internacionales, las alianzas regionales y las asociaciones democráticas en la promoción de los valores democráticos y la lucha contra la propagación del populismo. Enfatiza la importancia de la solidaridad entre las naciones democráticas y los esfuerzos colectivos para proteger las normas democráticas a nivel mundial.

Conclusión

El futuro del populismo y su impacto en la democracia es incierto, pero requiere una atención vigilante. Al comprender la dinámica cambiante del populismo, fortalecer las instituciones democráticas, promover la educación cívica y la alfabetización mediática y fomentar la cooperación internacional, podemos dar forma a un futuro en el que el populismo coexista con democracias vibrantes y resilientes. Los desafíos que plantea el populismo deben verse como oportunidades para profundizar las prácticas democráticas, involucrar a los ciudadanos y abordar los problemas subyacentes que impulsan el apoyo populista. Con medidas proactivas y un compromiso con los valores democráticos, podemos navegar por el terreno complejo y garantizar que el futuro de la democracia siga siendo fuerte e inclusivo.

TENDENCIAS Y PROYECCIONES POPULISTAS

Comprender las tendencias actuales y proyectar la trayectoria futura del populismo es crucial para comprender su impacto a largo plazo en la democracia. Este capítulo explora las tendencias populistas prevalecientes y proporciona proyecciones para el futuro del populismo, considerando varios factores políticos, sociales y económicos. Al analizar estas tendencias y proyecciones, podemos obtener información sobre las posibles consecuencias para los sistemas democráticos y desarrollar estrategias para enfrentar los desafíos que plantean.

La evolución de los movimientos populistas

Esta sección examina la evolución de los movimientos populistas a lo largo del tiempo. Explora sus raíces históricas, transformaciones ideológicas y adaptaciones estratégicas. Al rastrear la trayectoria del populismo, desde sus orígenes hasta las formas contemporáneas, podemos identificar patrones y anticipar desarrollos futuros.

Olas populistas regionales y globales

Han surgido movimientos populistas en varias regiones del mundo. Esta sección explora las variaciones regionales y las olas globales de populismo, examinando los puntos en común y las diferencias entre ellos. Al analizar las fuerzas impulsoras detrás de estas olas, podemos proyectar cómo podrían continuar dando forma a los paisajes políticos en diferentes partes del mundo.

Populismo y panoramas políticos cambiantes

Esta sección profundiza en el impacto del populismo en los panoramas políticos. Examina el surgimiento de líderes, partidos y movimientos populistas dentro de los sistemas democráticos existentes. Al analizar los cambios en las dinámicas de poder, los resultados electorales y las agendas políticas, podemos proyectar los efectos potenciales del populismo en las instituciones políticas y la gobernabilidad.

Factores socioeconómicos y apoyo populista

Los movimientos populistas a menudo surgen en respuesta a agravios socioeconómicos. Esta sección explora el papel de la desigualdad económica, la globalización, la inseguridad laboral y la polarización social en el fomento del apoyo populista. Al examinar estos factores, podemos proyectar cómo las condiciones socioeconómicas cambiantes podrían influir en el futuro del populismo.

Avances tecnológicos y comunicación populista

La era digital ha impactado significativamente la comunicación política y la expansión del populismo. Esta sección explora la influencia de las redes sociales, las plataformas en línea y la focalización algorítmica en las narrativas populistas y la movilización. Al considerar los continuos avances en tecnología, podemos proyectar cómo estas herramientas podrían dar forma al futuro de la comunicación populista

Desafíos populistas a las instituciones democráticas

Los movimientos populistas a menudo desafían las instituciones y normas democráticas. Esta sección explora las posibles consecuencias de la gobernabilidad populista en los sistemas democráticos, incluida la erosión de los controles y equilibrios, los ataques al estado de derecho y las amenazas a los derechos de las minorías. Al analizar estos desafíos, podemos proyectar los efectos a largo plazo sobre la gobernabilidad democrática.

Contrapeso de la influencia populista

Esta sección analiza estrategias y contramedidas para mitigar el impacto negativo del populismo en la democracia. Explora la importancia de fortalecer las instituciones democráticas, promover el diálogo político, fomentar la gobernanza inclusiva y abordar las causas subyacentes del apoyo populista. Al examinar estas estrategias, podemos proyectar su eficacia potencial para mantener la resiliencia democrática.

Conclusión

Comprender las tendencias actuales y proyectar el futuro del populismo es fundamental para evaluar su impacto en la democracia. Al analizar la evolución de los movimientos populistas, las variaciones regionales, los factores socioeconómicos, los avances tecnológicos y sus implicaciones para las instituciones democráticas, podemos obtener información valiosa sobre los desafíos y oportunidades que tenemos por delante. Al adoptar medidas proactivas y fomentar prácticas democráticas inclusivas, podemos mitigar las consecuencias negativas del populismo y promover la estabilidad y vitalidad a largo plazo de los sistemas democráticos.

LECCIONES DEL PASADO

Examinar el contexto histórico del populismo y su impacto en la democracia proporciona información y lecciones valiosas para comprender el presente y dar forma al futuro. Este capítulo profundiza en las lecciones que podemos aprender de experiencias pasadas con el populismo, recurriendo a ejemplos históricos y analizando sus implicaciones para los sistemas democráticos. Al comprender la dinámica y los resultados de encuentros previos con el populismo, podemos navegar mejor los desafíos que plantea e identificar estrategias efectivas para salvaguardar los principios democráticos.

Estudios de casos históricos

Esta sección explora estudios de casos históricos de movimientos populistas y su impacto en la democracia. Examina momentos clave en la historia donde el populismo ganó fuerza y las consecuencias que se desarrollaron. Al analizar estos estudios de casos, podemos identificar patrones, similitudes y diferencias en cómo se manifestó el populismo en diferentes contextos y aprender de los éxitos y fracasos de respuestas pasadas.

Populismo y retroceso democrático

Esta sección investiga casos en los que el populismo ha llevado a un retroceso democrático. Examina cómo los líderes o movimientos populistas han explotado los sistemas democráticos para consolidar el poder, debilitar las instituciones y socavar las normas democráticas. Al estudiar estos casos, podemos comprender las estrategias y tácticas empleadas por las fuerzas populistas para erosionar los valores democráticos.

Contrarrestar las amenazas populistas

Esta sección se centra en las estrategias y enfoques que han demostrado su eficacia para contrarrestar las amenazas que plantea el populismo. Examina ejemplos históricos en los que las instituciones democráticas, la sociedad civil y los ciudadanos resistieron con éxito las agendas populistas y protegieron los valores democráticos. Al estudiar estas contramedidas, podemos extraer lecciones valiosas para preservar las instituciones y normas democráticas frente a los desafíos populistas.

Lecciones de Liderazgo y Comunicación

Los movimientos populistas a menudo dependen de líderes carismáticos y estrategias de comunicación efectivas para movilizar apoyo. Esta sección analiza ejemplos históricos de líderes populistas y sus estilos de comunicación, explorando cómo se conectaron con las masas y apelaron a sus quejas. Al examinar estas lecciones, podemos obtener información sobre la dinámica del liderazgo y la comunicación populistas y desarrollar contra narrativas efectivas.

El papel de la sociedad civil y los medios

Las organizaciones de la sociedad civil y los medios de comunicación desempeñan un papel fundamental a la hora de dar forma al discurso público y hacer que el poder rinda cuentas. Esta sección examina ejemplos históricos de cómo la sociedad civil y los medios independientes han contribuido a resistir las tendencias populistas y mantener los valores democráticos. Al estudiar estos ejemplos, podemos comprender la importancia de una sociedad civil sólida y medios libres para salvaguardar la democracia.

Aprendiendo de los errores

Los movimientos populistas a menudo explotan las divisiones sociales, las ansiedades económicas y la desilusión política. Esta sección explora errores históricos cometidos por líderes políticos, partidos e instituciones que contribuyeron al surgimiento del populismo. Al examinar estos errores, podemos aprender de los fracasos del pasado y desarrollar estrategias para abordar las causas profundas del descontento populista.

Conclusión

Extraer lecciones del pasado es crucial para comprender la dinámica del populismo y su impacto en la democracia. Al analizar estudios de casos históricos, las consecuencias del retroceso democrático, las contramedidas exitosas, las estrategias de liderazgo y comunicación, el papel de la sociedad civil y los medios, y aprender de los errores del pasado, podemos desarrollar una comprensión integral de los desafíos que plantea el populismo y formular respuestas efectivas. . Al aplicar estas lecciones, podemos construir sistemas democráticos resilientes que estén mejor equipados para resistir las amenazas populistas y garantizar la vitalidad a largo plazo de la democracia.

SALVAGUARDAR LA DEMOCRACIA FRENTE AL POPULISMO

El populismo plantea desafíos significativos a los sistemas democráticos, a menudo socavando las instituciones, erosionando las normas y dividiendo las sociedades. En este capítulo, exploramos estrategias y mecanismos para salvaguardar la democracia frente al populismo. Al comprender la naturaleza de los movimientos populistas y su impacto en los procesos democráticos, podemos identificar medidas proactivas para proteger y fortalecer las instituciones democráticas, promover la inclusión y fomentar el compromiso cívico.

Fortalecimiento de las Instituciones Democráticas

Esta sección se centra en reforzar la resiliencia de las instituciones democráticas frente a las presiones populistas. Explora medidas para mejorar la independencia, la transparencia y la eficacia de instituciones clave como el poder judicial, los órganos electorales y los organismos de control. Al fortalecer los controles y equilibrios dentro del sistema democrático, podemos mitigar los riesgos de la manipulación populista y garantizar la integridad de los procesos democráticos.

Promoción de la educación cívica y la conciencia política

Una ciudadanía bien informada y políticamente comprometida es esencial para una democracia saludable. Esta sección profundiza en la importancia de la educación cívica y la conciencia política para contrarrestar el populismo. Examina estrategias para promover el pensamiento crítico, la alfabetización mediática y la participación cívica entre los ciudadanos, empoderándolos para tomar decisiones informadas y resistir las narrativas simplistas propagadas por los populistas.

Fomento de políticas inclusivas y formulación de políticas

Los movimientos populistas a menudo explotan las divisiones sociales y promueven políticas de exclusión. Esta sección explora enfoques para fomentar políticas inclusivas y formulación de políticas que prioricen las necesidades y aspiraciones de todos los ciudadanos. Examina los mecanismos para el diálogo, la creación de consenso y la gobernanza participativa que pueden ayudar a cerrar las brechas y garantizar que las diversas perspectivas estén representadas en los procesos de toma de decisiones.

Mejorar la cohesión social y abordar las desigualdades

El populismo a menudo se nutre de las quejas derivadas de las desigualdades sociales y las disparidades económicas. Esta sección profundiza en las estrategias para mejorar la cohesión social y abordar las causas subyacentes del descontento. Explora políticas que promueven el crecimiento económico equitativo, la justicia social y la igualdad de oportunidades, ayudando a abordar los agravios que explotan los populistas.

Protección de los derechos fundamentales y los derechos de las minorías

El populismo puede plantear amenazas a los derechos y libertades de los grupos y minorías marginados. Esta sección se centra en salvaguardar los derechos fundamentales y proteger los derechos de las poblaciones minoritarias. Explora marcos legales, políticas inclusivas y medidas para combatir la discriminación y garantizar la igualdad de trato ante la ley. Al defender los derechos humanos y promover sociedades inclusivas, podemos contrarrestar las tendencias excluyentes del populismo.

Cooperación Internacional y Solidaridad Democrática:

El populismo no se limita a las fronteras nacionales y su impacto puede tener ramificaciones globales. Esta sección explora la importancia de la cooperación internacional y la solidaridad democrática para contrarrestar los desafíos populistas. Examina cómo las naciones democráticas pueden trabajar juntas para compartir mejores prácticas, coordinar respuestas y defender los valores democráticos frente a los movimientos populistas transnacionales.

Conclusión

Salvaguardar la democracia frente al populismo requiere un enfoque multifacético que implica fortalecer las instituciones democráticas, promover la educación cívica y la conciencia política, fomentar políticas inclusivas, abordar las desigualdades sociales, proteger los derechos fundamentales y de las minorías y participar en la cooperación internacional. Al implementar estas estrategias, podemos construir sistemas democráticos resilientes que resistan las presiones populistas, defiendan los principios democráticos y garanticen la vitalidad continua de la democracia frente a los desafíos en evolución.

12

CONCLUSIÓN

A lo largo de este libro, hemos explorado el fenómeno del populismo y su impacto en la democracia. Hemos examinado el contexto histórico, los orígenes, los movimientos históricos clave, los factores que contribuyeron al ascenso populista, las características de los líderes populistas y las diversas estrategias y tácticas empleadas por los populistas. También hemos profundizado en las consecuencias del populismo en las instituciones democráticas, la cohesión social, la economía y las relaciones internacionales. En este capítulo final, nos basamos en los conocimientos obtenidos de nuestra exploración y brindamos una conclusión integral del libro.

Comprender el impacto del populismo en la democracia

Hemos llegado a comprender que el populismo plantea tanto desafíos como riesgos para los sistemas democráticos. Los movimientos populistas a menudo surgen como respuesta a las quejas percibidas, explotando las divisiones sociales y capitalizando la erosión de la confianza en las instituciones establecidas. Emplean retórica simplista, liderazgo carismático y posturas antisistema para atraer a las masas. Los líderes populistas a menudo emplean estrategias como la manipulación de los medios, la explotación de la ansiedad económica y la polarización de las políticas de identidad para ganar y consolidar el poder.

Amenazas a las Instituciones Democráticas

Los movimientos populistas pueden amenazar las instituciones democráticas al erosionar los controles y equilibrios, atacar el estado de derecho y socavar los derechos de las minorías. La erosión de los valores y normas democráticos puede conducir a una concentración de poder, erosión de las libertades y una disminución de la salud general de los sistemas democráticos. Es crucial reconocer y abordar estas amenazas para proteger y fortalecer las instituciones democráticas.

Implicaciones económicas

Las políticas económicas populistas a menudo dan prioridad a las ganancias a corto plazo y pasan por alto las consecuencias a largo plazo. Pueden adoptar medidas proteccionistas, desafiar los acuerdos comerciales internacionales y alimentar las incertidumbres económicas. Si bien los populistas pueden prometer abordar las ansiedades económicas, sus políticas pueden generar inestabilidad económica, obstaculizar el crecimiento y exacerbar las desigualdades. Es importante evaluar críticamente las propuestas económicas populistas y considerar sus posibles implicaciones.

Divisiones Sociales y Cohesión

El populismo tiende a explotar las divisiones sociales y promover una retórica divisiva dirigida a los grupos marginados. Esto puede conducir a la polarización, la fragmentación social y una disminución de la cohesión social. Fomentar la inclusión, abordar las desigualdades y promover el diálogo y la comprensión son cruciales para contrarrestar el impacto divisivo del populismo y fomentar una sociedad más cohesionada.

Salvaguarda de la democracia

Frente a los desafíos populistas, es esencial salvaguardar la democracia mediante el fortalecimiento de las instituciones democráticas, la promoción de la educación cívica y la conciencia política, el fomento de políticas inclusivas, la protección de los derechos fundamentales y los derechos de las minorías y la participación en la cooperación internacional. Estas medidas pueden ayudar a fortalecer los sistemas democráticos, contrarrestar las narrativas populistas y defender los principios democráticos.

Lecciones aprendidas y perspectivas futuras

Mirando hacia atrás en casos históricos y tendencias globales, hemos aprendido lecciones valiosas sobre el surgimiento y el impacto del populismo. Comprender estas lecciones puede informar nuestros enfoques futuros para abordar los desafíos que plantea el populismo. Es crucial permanecer alerta, adaptarse a los panoramas políticos en evolución y comprometerse activamente con los partidarios populistas para contrarrestar las narrativas divisivas y promover los valores democráticos.

Conclusión

En conclusión, el populismo ha emergido como una fuerza importante en la política contemporánea, planteando desafíos a los sistemas democráticos de todo el mundo. Sin embargo, al comprender los orígenes, las características, las estrategias y el impacto del populismo, podemos desarrollar respuestas efectivas para mitigar sus consecuencias negativas. Salvaguardar la democracia requiere un esfuerzo colectivo, que involucre a los ciudadanos, la sociedad civil, los líderes políticos y los actores internacionales. Al defender los valores democráticos, fortalecer las instituciones, fomentar la inclusión y promover el compromiso cívico, podemos navegar las complejidades del populismo y garantizar un futuro en el que prospere la democracia.

Resumen de resultados

En este capítulo, proporcionamos un resumen completo de los principales hallazgos y puntos de vista presentados a lo largo del libro "El populismo y su impacto en la democracia". Revisamos los principales temas, argumentos y evidencia empírica explorados en capítulos anteriores para resaltar las importantes contribuciones realizadas para comprender el impacto del populismo en los sistemas democráticos.

Comprender el populismo

Hemos establecido una comprensión clara del populismo como una ideología política caracterizada por un fuerte llamado al pueblo contra las élites e instituciones establecidas. Los movimientos populistas a menudo surgen en respuesta a agravios económicos, sociales y políticos, explotando el descontento de las masas.

Contexto histórico de los movimientos populistas

Al examinar el contexto histórico del populismo, hemos rastreado sus orígenes en varios períodos históricos y regiones. Desde el Partido Popular a fines del siglo XIX hasta movimientos populistas más recientes, como los de América Latina, Europa, Asia y África, hemos identificado hilos comunes y factores subyacentes que impulsan el surgimiento del populismo.

Factores que contribuyen al ascenso populista

Hemos explorado los factores multifacéticos que contribuyen al surgimiento del populismo. La desigualdad económica, la globalización, las ansiedades culturales, la desilusión política y las divisiones sociales han jugado un papel importante en alimentar los sentimientos populistas. Es crucial comprender estos factores para abordar de manera efectiva las causas profundas del populismo.

Características de los líderes populistas

Los líderes populistas exhiben características distintas que resuenan con sus seguidores. A menudo poseen cualidades carismáticas, fuertes habilidades de comunicación y la capacidad de conectarse con las emociones y aspiraciones de las masas. Su postura antisistema, su retórica simplista y su apelación al nacionalismo contribuyen aún más a su atractivo populista.

Estrategias y tácticas populistas

Hemos profundizado en las estrategias y tácticas empleadas por los populistas para ganar y consolidar el poder. Estos incluyen la manipulación y la propaganda de los medios, la explotación de las ansiedades económicas, la polarización de las políticas de identidad y una narrativa de nosotros contra ellos. Los populistas también aprovechan las redes sociales y las redes en línea para movilizar apoyo y dar forma a la opinión pública.

El impacto del populismo en la democracia

Los movimientos populistas plantean importantes desafíos a las instituciones y los principios democráticos. Pueden erosionar los controles y equilibrios, socavar el estado de derecho, amenazar los derechos de las minorías y polarizar las sociedades. Los líderes populistas a menudo exhiben tendencias autoritarias y priorizan las ganancias a corto plazo sobre la estabilidad democrática a largo plazo.

Respuestas a los desafíos populistas

Hemos explorado varias respuestas a los desafíos populistas, incluido el fortalecimiento de la sociedad civil, la promoción de la integridad de los medios, la participación de los partidarios populistas y la protección de las instituciones democráticas. Es esencial fomentar el diálogo inclusivo, proteger los valores democráticos y promover la educación cívica para contrarrestar el impacto divisivo del populismo.

El futuro del populismo

Con base en las tendencias y proyecciones discutidas, hemos examinado el futuro potencial del populismo. Si bien los movimientos populistas continúan ganando terreno en muchas partes del mundo, su sostenibilidad y éxito a largo plazo son inciertos. Las democracias deben adaptarse y evolucionar para abordar los problemas subyacentes que alimentan el populismo y fortalecen la resiliencia democrática.

Conclusión

En conclusión, este libro ha proporcionado un análisis completo del populismo y su impacto en la democracia. Al comprender el contexto histórico, los orígenes, los factores que contribuyeron a su surgimiento, las características de los líderes populistas, las estrategias y tácticas empleadas y las implicaciones para las instituciones y sociedades democráticas, podemos desarrollar respuestas informadas para salvaguardar la democracia. Los desafíos que plantea el populismo requieren un esfuerzo concertado de los ciudadanos, los formuladores de políticas y las instituciones para defender los principios democráticos y promover la gobernanza inclusiva.

Reflexiones finales sobre populismo y democracia

El populismo se ha convertido en una fuerza significativa en las democracias modernas, y su impacto en la democracia es motivo de gran preocupación. Este libro ha explorado varios aspectos del populismo, incluidas sus definiciones, orígenes y características, así como sus implicaciones económicas, sociales y políticas. A través de estudios de caso de diferentes regiones del mundo, hemos visto cómo han surgido movimientos populistas en diversos contextos políticos y culturales, y cómo han afectado las instituciones políticas, la cohesión social y las políticas económicas.

Uno de los hallazgos centrales de este libro es que el populismo no es un fenómeno monolítico, sino que tiene diversas expresiones según el contexto, la historia y la cultura política. En algunos casos, el populismo puede ser una fuerza positiva para la democratización y el cambio social, desafiando a las élites arraigadas y defendiendo a los grupos marginados. En otros casos, sin embargo, el populismo puede socavar las instituciones y los procesos democráticos, convertir a las minorías en chivos expiatorios y promover el autoritarismo.

Las políticas económicas de los populistas suelen estar marcadas por un rechazo a la globalización, la liberalización del comercio y la austeridad fiscal, y se centran en el proteccionismo, la intervención estatal y la redistribución. Si bien tales políticas pueden tener algunos beneficios a corto plazo para ciertos grupos, también pueden generar costos económicos a largo plazo, como inflación, estancamiento y deuda.

Los líderes populistas a menudo apelan al nacionalismo, la identidad cultural y las divisiones sociales, aprovechando los miedos y los resentimientos para movilizar a los partidarios. Esto puede exacerbar las tensiones entre diferentes grupos, erosionar la cohesión social y socavar la confianza en las instituciones democráticas. El populismo también puede dar lugar a una reacción violenta contra la inmigración, lo que puede tener graves consecuencias humanitarias y políticas.

A pesar de estos desafíos, también hay motivos para la esperanza. La resiliencia democrática y la reforma institucional pueden fortalecer las instituciones y los procesos democráticos, haciéndolos más receptivos a las necesidades y aspiraciones de los ciudadanos. La sociedad civil y la integridad de los medios pueden desempeñar un papel fundamental en la promoción de la transparencia, la rendición de cuentas y la participación pública. Involucrarse con partidarios populistas puede ayudar a salvar las divisiones y promover una cultura política más inclusiva y tolerante.

En conclusión, el auge del populismo plantea importantes desafíos a la democracia, pero también brinda oportunidades para la reflexión, la reforma y la renovación. Al comprender la naturaleza compleja y diversa del populismo y al comprometernos con sus partidarios de manera constructiva e inclusiva, podemos construir sociedades más resilientes, receptivas y democráticas.

Epílogo

Navegando el camino por delante

Al concluir este viaje al intrincado mundo del populismo y su impacto en la democracia, es evidente que los desafíos que plantean los movimientos populistas son complejos y multifacéticos. El auge del populismo ha alterado fundamentalmente los paisajes políticos, redefiniendo las relaciones entre los líderes y sus seguidores y remodelando la dinámica del poder y la representación en las sociedades democráticas. Sin embargo, a medida que reflexionamos sobre los conocimientos adquiridos a través de nuestra exploración, también debemos centrar nuestra atención en el camino a seguir y las acciones necesarias para salvaguardar los valores democráticos que apreciamos.

El impacto del populismo en las instituciones democráticas ha sido profundo. La erosión de los frenos y contrapesos, los ataques al estado de derecho y el debilitamiento de los derechos de las minorías han planteado amenazas significativas a los cimientos de la democracia. La polarización y la política de identidad han profundizado aún más las divisiones sociales, lo que dificulta el diálogo constructivo y la cooperación. El auge de los sentimientos nacionalistas y la reacción violenta contra la inmigración han desafiado los ideales de inclusión y diversidad que sustentan las sociedades democráticas.

Para abordar estos desafíos, es imperativo reforzar la resiliencia democrática y la reforma institucional. El fortalecimiento de la sociedad civil y la promoción de la integridad de los medios son vitales para contrarrestar la difusión de información errónea y propaganda que a menudo acompaña a los movimientos populistas. Involucrarse con partidarios populistas en debates abiertos e inclusivos puede cerrar las brechas entre diversos segmentos de la sociedad, promoviendo la empatía y la comprensión.

Además, existe una necesidad apremiante de políticas económicas que aborden las quejas subyacentes de las poblaciones marginadas. Esforzarse por un crecimiento equitativo, brindar acceso a educación y atención médica de calidad e invertir en desarrollo sostenible puede ayudar a aliviar las ansiedades económicas que a menudo explota el populismo.

Las lecciones de los contextos históricos revelan que las democracias han capeado tormentas de populismo antes. Al aprender de experiencias pasadas, podemos obtener información sobre cómo reforzar las instituciones democráticas, promover la educación cívica y preservar las normas democráticas. No debe subestimarse el poder de la acción colectiva y la unidad en defensa de los valores democráticos.

Mientras miramos hacia el futuro, las proyecciones para el populismo siguen siendo inciertas. Los resultados dependerán de las acciones que tomen los ciudadanos, los formuladores de políticas y las instituciones. Navegar por el camino a seguir requiere un compromiso con los principios democráticos, una dedicación a la gobernanza inclusiva y la voluntad de aceptar las complejidades del mundo moderno.

En conclusión, "El populismo y su impacto en la democracia" sirve como un llamado a la acción. Nos recuerda que la democracia no es una construcción estática sino un sistema dinámico y en evolución. Nos insta a permanecer atentos para salvaguardar las instituciones democráticas, promover un discurso político inclusivo y fomentar la empatía y el entendimiento en nuestras diversas sociedades. Es a través de nuestros esfuerzos colectivos que podemos superar los desafíos del populismo y dar forma a un futuro en el que la democracia siga prosperando y las voces de todos los ciudadanos sean escuchadas y respetadas.

SOBRE EL AUTOR

King Rojo es un experimentado investigador, escritor y defensor de la gobernabilidad democrática y la participación política. Con pasión por comprender la dinámica del populismo y su impacto en la democracia, han dedicado su carrera a estudiar y analizar este complejo fenómeno.

King en Ciencias Políticas de la UNAM y ha realizado una extensa investigación sobre populismo, instituciones democráticas y comportamiento político. Su trabajo ha sido publicado en revistas académicas líderes y presentado en conferencias internacionales.

Más allá de la academia, también se ha involucrado activamente con organizaciones de la sociedad civil e instituciones políticas para promover los valores democráticos y fortalecer las prácticas democráticas. Han participado en foros públicos, paneles de discusión y debates sobre políticas, brindando información y recomendaciones sobre cómo navegar los desafíos que plantea el populismo.

Impulsado por el compromiso de fomentar procesos democráticos informados e inclusivos, King Rojo aporta un enfoque multidisciplinario a su escritura, combinando investigación rigurosa, evidencia empírica y una comprensión matizada de los contextos políticos.

"El populismo y su impacto en la democracia" es la última contribución de King Rojo al campo, con el objetivo de brindar a los lectores un análisis exhaustivo de los efectos del populismo en los sistemas democráticos y las formas en que las sociedades pueden responder a estos desafíos.

Además de sus actividades académicas, King Rojo disfruta viajar, explorar diferentes culturas y entablar conversaciones significativas sobre política y sociedad. Continúan contribuyendo activamente al discurso público y se dedican a promover una comprensión más profunda del populismo y sus implicaciones para la democracia.